JN022486

# さよなら、男社会

尹雄大

# 目次

## 5章　男性性と女性性

# はじめに

中学に入学して数ヶ月が経つと、それまでの丸みを帯びた幼い面立ちも影をひそめ始めた。にきびが面(おもて)を飾り、声変わりを迎えた男子の割合がぐっと増えると共にスカートめくりが流行り出した。

休み時間になると数人の男子が教室や廊下で行き合った女子のスカートを不意にめくる。悲鳴が辺りに響く。スカートめくりが流行り始めた当初、ブルマを穿(は)いていない女子もいて、めくった張本人はパンツが見えたの見えないのと囃(はや)し立てるまでを一連の行動に含めていた。彼らの取り巻きは実際には穿いていないであろう下着の色を口にしては、野卑な歓声をあげた。

スカートをめくる男子の面子(メンツ)はだいたい決まっていて、頭の回転が早く口が達者で、関西でいうところの「いちびる」タイプだった。ときにおどけた言動が過ぎて授業では怒られたりしても、それも愛嬌(あいきょう)のうちと周囲に認められていた。スカートめくりも悪ふざけのうちに数えられていたように思う。

当時、教師は機会さえあれば生徒の頬を張り、背中や腹を蹴るという体罰を行っていた。彼らはスカートめくりを目撃すると、片手で振るにはちょうど良い長さの竹の棒が教室には置いてあったので、それ以外の使用法がわからないという調子で思い切り腿を叩いた。忘れ物をしたときもそれは使われた。僕も教科書を忘れて叩かれたことが何度かある。腿にミミズ腫れができるような強さで教師は打ち据えた。

スカートめくりをしていた男子は何度叩かれても、茶化すには深刻すぎる痛みをまともに感じてはバツの悪い顔を皆に見せてしまうと知っていたのか、フルスイングの棒が当たると同時に彼なりのギャグを披露しては笑わせていた。僕たちはそのフライング気味の滑稽な仕草を笑った。

クラスの音頭とりであった数人の男子の罰せられるまでの振る舞いをよく覚えている。おそらく思春期を迎えていよいよ内向し、人と話すことと関わることが難しくなっていた自分に比べ、彼らは何かにつけ目立つ存在だったからだと思う。反面、スカートをめくられていた女性たちについてはといえば、「ちょっとやめてよ」や「本当にやめて」といっていた姿のみを覚えているだけだといまになって気づいた。彼女らの声が決してスカートをめくる男子に届かなかったのは、「本気で嫌がっているわけではない」と勝手に解釈されていたからだ。あくまで「スカートめくり」というゲームなのだ。実際、教師もきつく叩きはしたが、スカートをめくるという行為が意味するところを指摘する例は皆無だった。「年頃の男子がやることだから」程度の扱いだったのだ。しかし、そんなゲームに参加することに彼女たちは同意したわけではない。

記憶に残る彼女たちの表情をズームアップしてみる。そのうちの一人に名前は忘れたが、確か学級委員をしていた人がいた。彼女には授業の始まりに教科書とノートをトントンと机の水平を利用して整えるような、きまじめなところがあった。記憶を探ると、彼女は被害にあった際（あれは正しく「被害」と呼ぶべきなのだと思う）、手で前を押さえると同時にとても悲しそうな、ひどく戸惑った表情をしていた。そのことを改めて思い出した。「嫌なことをするのは好意の裏返しだ」と言う人がいる。教師もまたそのうちの一人だったのかもしれない。だが、嫌なことは嫌なことであって、まず当事者が嫌だと感じているのだ。そこに好意もへったくれもない。

そう言えば放課後に彼女と話したことがあった。男子相手にもまごつく喋り方をする僕は異性にはさらに挙動不審になった。けれども彼女はちゃんと僕の話を聞いてくれたし、「そうなんだ」と返してくれもした。その声音は単なる相槌（あいづち）ではなく、こちらの述べたことに相応した「そうなんだ」であったと感じた。言葉が切れ切れでとつおいつの話しぶりにもきちんと応じてくれた彼女が困惑するとは、どういう心中であったかと想像する。「男子が授業が終わるとなぜか勝手に私のスカートをめくる。嫌だし、やめてほしいからそう訴えているのにニヤニヤ笑うばかりで、ちゃんと聞こうとはしない。先

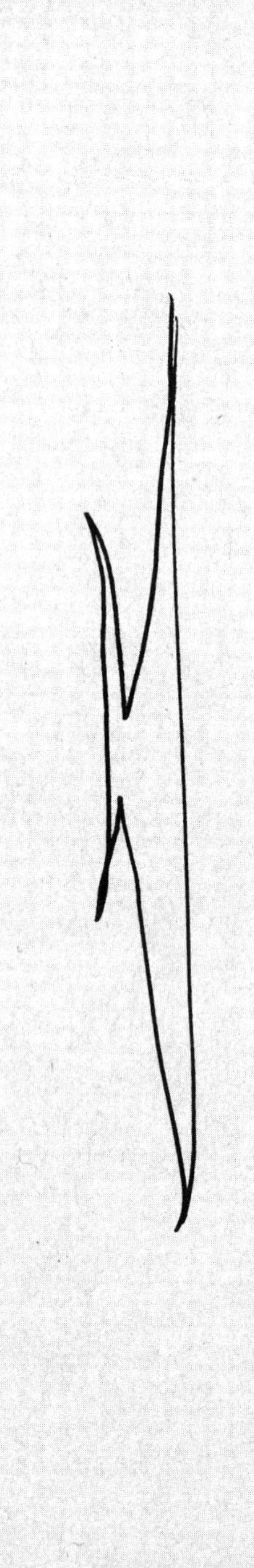

生もその場で叱りはしても、まともに私の訴えに応じてくれない」

記憶の中の彼女の表情を拡大していくと、女性であるというだけで自分ではコントロールできない、どうしていいかわからない事態に巻き込まれ、その不条理さを訴えても誰もきちんと扱おうとはしない。そんな思いが滲み出ているように感じる。

いまさらながら思う。彼女のその後は、身体が大人に向けて成長していくのと歩調を合わせて無力さを覚えていく過程ではなかったろうか。彼女がいまどこで何をしているのかわからない。一九七〇年生まれの僕たちの半数を占めていたであろう彼女たち。虚しさだけを味わう歳月ではなかったことを願うばかりだ。

当時の僕は学校で見聞きした出来事をただ傍観していた。かつての自身の振る舞いを恥じるとしても、過去の不始末は覆らない。ただ省みて改めることはできるだろう。この本はそうした試みであり、男に生まれた僕がどのようにして男性性を身につけたのか、五十年にわたる「参与観察」を通して明らかにしていくつもりだ。現状の男性性が社会にもたらす不正を男性自身が体感すれば、そこから脱する可能性も見えてくるのではないかと思っている。

# 1章

# どのようにあたかも自然と男は男になってきたのか

## 電車での出来事

新宿へ向かう特急あずさの指定席は、甲府を過ぎるとスーツ姿の男性が目立ち始めた。次の停車駅の八王子で乗り込んで来た人物はずいぶん騒々しく、離れていても耳を打つのは背後から必要以上に響く、ズカズカと表すのが適当な靴音で、それが次第に近づいてくる。

車両中央あたりの窓側に座る僕の間近で慌ただしく立ち止まると、男は横あいから急に「予約してないんじゃないの?」と言い放った。静かな車内とは不釣り合いな声に驚き、手にしていた本を置き、男を見る。年の頃は六十半ばくらいだろうか。鼻柱が太く、独特の圧のある営業トークをしそうな気配。「予約していますよ」と僕は律儀にも答えてしまった。男は一瞥（いちべつ）をくれると、あとはこちらと目を合わせることもなく掌中の切符をまじまじと見、「ここじゃないか」と一人ごつと車両の前方へ向かった。詫びの言葉は一切ない。

読みかけの本のページに再び目を落としたが、どうにもむかついて集中できない。最初は何に苛立（いらだ）っているのかわからなかった。もちろん男の非礼さにカチンと来ているのは確かだ。だけど、そうした表面の態度だけが自分の不穏さを呼び起こしているのではないのは明らかなのに、何に腹を立てているかわからない。

仮にだ。僕が企業の重役のように恰幅（かっぷく）が良かったり、あるいは年下でもいかつい風体をしてふんぞりかえっていたならば、あんな口の利き方をしただろうか。絶対にしない。態度を変えたはずだ。確かに今日の僕はチェックのシャツにデニムといった、カジュアルな格好をしていた。それにだいたいがおとなしく見えるし、ビジネスパーソンが多く乗り込む時間帯の車内では軽輩に見えたろう。いや、だからといって、初対面の人間にああいったぞんざいな口の利き方をするものか？　そもそもあんな失礼な態度を自らに許すとはいったいどういう了見なのだ。

といった独白を続けようと思えば、いくらでもできそうな気がしたのでしばらく続けた。すると、はたと気づいた。ひょっとしたら、彼は男との関係については、会社内での上司と部下の間柄しか知らないのかもしれない。だから年下の男には舐（な）めた口の利き方をしてもいいはずで、会社の外の社会においてもそれが通用すると思っているのではないか？

そこまで考えを進めていくと、「なるほど、これがホモソーシャルということか」という落着を見たようで、ストンと腑に落ちた。ホモソーシャルとは男同士の関係性をいう。同性の結びつきを可能にするのは、「ある価値観」を共有しているという前提だ。どういう価値観なのかについては、この本の全体で述べていくことになるだろう。ここでとりあえず言っておきたいのは、男同士の「絆」についてだ。

## 男の絆、女たちの沈黙

絆と聞けば信頼や友愛を連想するのは、それなくしてはまともな関係が成り立たないはずだからだ。そう思うのは正しい。だったら、彼があのような非礼な態度をとることは、絆を深めていくことに反するはずだと思うかもしれない。でも、その限りではない。なぜなら非礼を受け入れることで育まれる信頼や友愛もあるからだ。

男なら誰しも少なからず思い当たる節があるだろう。学生の頃、クラブやサークル活動で先輩から理不尽なしごきや暴言を受けて、最初は嫌だと思ったり傷ついたりしたけれど、だんだんと慣れて、うまくやり過ごすコツを身につけた。すると、理不尽な扱いは変わらなくても、そこに親しみのような馴染みが生まれて、そのうち目を付けられることが目をかけられることになり、やがては「可愛がられる」みたいな関係性も生まれてしまった。そんなことはなかったろうか。

そういうふうに支配者と被支配者という上下の間柄であっても信頼や友愛は育つものだ。だから嫌な思いをした人であっても後輩に同じことをするのは、自分と同じような目に遭わせないと不当に感じるからかもしれないが、それだけではきっと説明できない。支配者と被支配者との絆で生じる不均衡な信頼と友愛を育むためだとも言えるはずだ。

男同士の関係性の全てとは言わない。けれど、そうやって年齢や社会的地位に基づいて優劣を決め、序列の下位の弱者を軽んじてマウントをとり、それを相手が受け入れる関係の結び方を僕はたくさん目にしてきた。

そんな慣習によってホモソーシャルは成り立つのだとしたら、「予約してないんじゃないの？」とぞんざいに言った彼に対して、僕の言うべき正しい返事はその不埒（ふらち）さに応じた「は？」だったと悔やまれた。だからいまから男のもとへ行き指弾してやろうかと思ったけれど、機を逃して謝罪を求めたところで、こちらが訳のわからないことを言う奴で片付けられるだろう。

新宿に着くや友人に電話をした。「不遜な言い様は僕が男性だったからあの程度で済んだはずで、女性ならばもっと横柄な態度に出たのではないか」と彼女に切り出した。だが、「そこまで怒るほどのことなのか」といった、こちらの憤りとまるで同調することのない彼女の声のトーンにおや？　と思っていたところ、「女がそのような軽侮（けいぶ）を受けるのは日常茶飯だ」と返され、ヒヤッとした。自身の体験から想像するだけでは決して理解できない、女性の怒りの深さの一端に触れた気がした。

社会と聞けば、歪みはあるかもしれないけれど、社会という無色の空間が広がっていると何の気なしに思ってしまう。彼女たちにとって社会とはそんな透明性の高いものではなく、目前にしているのはいつだって「男社会」に他ならない。なのに男にはそれが「社会」としか見えていない。

僕の怒りの感覚は正しい。だけど、自分の怒りを正当なものとして位置付けられるのは、マウントを取り返すことができる立場にいるからだ。つまり、僕は男に他ならず、この社会における特権的な立場にある。それに気づいた途端、ここ数ヶ月間に出会ってきた女性たちの顔がいくつも浮かんだ。

長らく僕はインタビュアーの仕事をしてきた。著名人に話を聞く機会が多かったが、近年は「インタビューセッション」といって、一般の人の話を聞く場を設けている。カウンセリングでもなければ悩み相談でもない。ただ、「その人の話」を「その人の話として」聞いている。当たり前に聞こえるかもしれないが、案外、他人の話を善悪で解釈したり、会話の最中に次の質問を考えていたりと、相手の話をそれそのものとして聞いていないものだ。

セッションを受けたうちの九割が女性だ。彼女たちの多くはセッションが始まる前に必ずといっていいほどこう言う。「何を話していいかわからない」「申し訳ないが、まとまらない話になると思う」

自分が話すことは「極めて個人的過ぎて社会性がない」といったことを口にする人も同じくらいいる。個人的であることの何がいけないのだろう？　と当初は素朴に思っていた。だけど、多くの人へのインタビューを行う中で「何を話していいのかわからない」と彼女たちが言う理由がわかってきた。これまで話してきた、あるいは話そうとしたことが男たちに拒絶されてきたからだ。

そして僕が発見したのは、彼女たちは独自の文法と語彙を持っていることだ。しかし、それは男社会では価値を置かれず、侮られがちだ。軽んじたつもりはないと思う男性もいるだろう。けれども、こういったことを耳にした、あるいは口にしたことはないだろうか。

「ちょっと感覚的過ぎてわからない。もっと論理的に話してくれないかな」
「それは君の主観でしょ？　根拠はあるの？」
「やっぱり女性ならではの気づかいの細やかさがあるね」
「女の人って、男よりも感情論で語りがちじゃないですか？」

男性に比べて女性は感覚で判断するが、それがなかなか受け入れられないといった通俗的なことを言いたいわけではない。僕が知り得た範囲の傾向を言えば彼女たちは「Aだから

B」といった単線的な因果関係で語りきれないことを、「話す」という時間の展開の中で示そうとする。そうなると簡潔な説明というものは、果たしていつも正しいことなのかと思えてくる。もしかしたら複雑な事柄をのっぺりと均(なら)してしまっていて、その見方を疑いもしない人の多さが、正しさを保証しているだけかもしれない。

## 「女性は感情論で話す」のか？

二十一世紀になってずいぶん経つというのに、いまだに「女性は感情論で話す」と言ってのける男性に出くわす。そのような発言を耳にすると驚きのあまり、そう思う理由について尋ねてしまう。だいたいは彼らの身近にいる女性たちの話のまとまりのなさから、そのような判断に至っている。けれどもそのように結論づけている男たちの論理の質を問うていくと、そもそも僕らの体験を構成しているあり方を検討しなくてはいけないのではないか？　と思えてくる。

論理的には筋が通っていても、感覚的にはその人の中でつながっていないことがある。感じてもいないことを言葉の上では整然と述べているような場合だ。男たちは課題を解決していくような論理や考え方を重んじる。しかしながら「考える」ためには、その前に「思う」

があり、さらにその前には「感じる」がある。「感じる」の前には体験、つまりは行為がある。自らの行いと体験が主であり、その次に感じ、思い、考えるが生じる。一見、彼らもこの順に沿って「女性は感情論で話す」という結論に至ったように見えるのだが、果たしてそうだろうか。

男の文化に養われた感性で「自分が何を感じているか」に着目せず、自分の中で慣れ親しんだ、男社会の平均的な感覚に従って考えているだけかもしれない。本当はそんなふうに感じていないにもかかわらず、社会的な合意が取れる論理に従っているだけではないか。言葉の上で破綻がなければ筋道が通っている。そう判断する感性からすると、女性たちの話しぶりは論理的には聞こえないかもしれない。しかし、そこで見落とされているのは、彼女たちの語りには感覚の一貫性があるという事実だ。

男性が論理的なのではなく、これまで続いてきた男社会において、男性の間で通じる話法が「論理的」と評価されているだけで、女性はそれとは違う論理を展開しているかもしれないではないか。つまり何をもって「論理的」としているかと言えば、現行の男社会の作法が「それを論理的とする」と位置づけているからだ。

もちろん、男女によって論理が違うという見立ては、結局はあらゆる振る舞いに「女性特有の」とラベリングしていくことにつながるのではないかと危惧する人もいるだろう。そこは慎重でありたい。

ともあれ論理ではなく「論理的」であることを重んじ、ディテールを把握する余裕のない、縮約したことを聞きたがる耳には、彼女らの声が届かない。ここで重要なのは話ではなく「声」なのだ。彼らは意味にしか注意を向けない。それが論理だと思っているからだ。

声を聞けないものは、マンスプレイニングをせっせと始めてしまう。マン（男）＋エクスプレイン（説明）から造られた語が意味するのは、「君はものを知らないのだから教えてやろう」といった、無邪気にも主導権をとれると思える不遜さだ。彼女たちがそれに出くわした際、「そうなんですか」「すごいですね」と返すのは、「女性は共感性が高い」からではなく、逆らうと面倒なのと、そうやって褒めてやらないとぐずり出すと経験的に知っているからであって、男たちの能書きに同意しているわけではない。

マンスプレイニングでないとすれば、次に出会うのは「要するに何が言いたいのか」といった定番の詰問（きつもん）のフレーズだ。これは職場に限らない。パートナーとの会話でも出くわす。恋人や夫婦であっても、そのような調子で言葉が用いられるのが不思議でもないのは、社会の実態が「男社会」であれば、公私の別なく関係性に影響を与えるからだ。それにしても、なぜそうまでして「要したがる」のか。

彼女たちは「(男)社会」の既存のやり方に従って話すことを求められる。古参のメンバーからは、それに基づくやり取りはちゃんとしたコミュニケーションに見えるだろう。でも、そこに参入し、彼らのやり方を身につける立場からすれば、このコミュニケーションはどう映るだろう。「要するに何が言いたいのか」とは「俺のわかるように話せ」にほかならず、いま現に話していることを受け取らない、拒絶のメッセージでしかない。

どうして一方が当然と思っている理解の形にはまらないとコミュニケーションと呼ばれないのか。そのことについて男たちは考えたことがあるだろうか。考えずに済んでいるのは、やはり社会とは「(男)社会」であり、(男)の箇所が見えていないからだ。

## (男)社会の呪い

とりあえず生まれ持った性別があるという前提で話を進めるが、男の子だから「活発だ」とか女の子だから「おしとやか」とか言い切れるわけもない。「典型的な男の子」みたいな子供がいたとしても、それはあくまでその子の気質であって、男だからそうなるとは断定できない。むしろ個人に備わる特性に「男らしさ」「女らしさ」の標準を見出す〝視点〟は何なのだろう。複雑なものを単純化する見方がそうさせているとすれば、一定の捉え方を担保

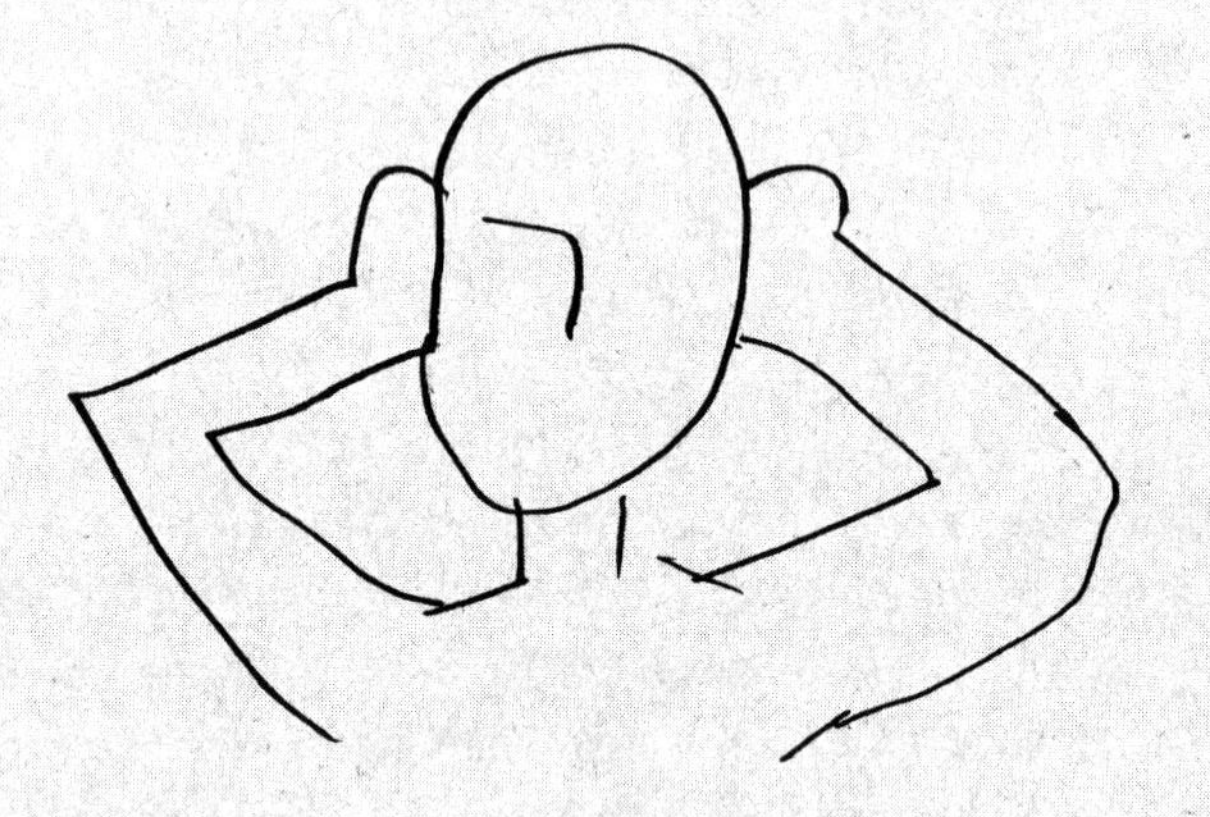

しているのは、「男あるいは女とは――である」という社会で認められている価値観になるだろう。では、その社会はどういう形をとっているだろうか。

現行の社会のルールはだいたい十八歳から六十五歳くらいまでの、健常者かつ異性愛者のマジョリティの男性向けに作られている。政治家や企業の管理職に占める男性の割合、シングルマザーの貧困率の高さからも明らかだ。近々で言えば二〇一八年、複数の医大が不正入試を行い、多くの女性が不合格になっていたことが明るみに出た。さらには強制性交した男性の加害者が不起訴になるといった、差別事件が相次いでいる。二〇一九年の時点で日本のジェンダー・ギャップ指数は一五三ヶ国中一二一位。女性差別は甚だしい。ここでは「実力があれば女性も合格するはず」や「差別ではなく区別」といった物言いには深く取り合わない。

差し当たり「実力をジャッジする立場にいるのが男ならば、誰を優遇するかは明らか」「感情を正当化するための主観的な区別を差別という」とだけ言っておきたい。

マジョリティであることを疑いもしないですくすく育ってきたのならば、自分の感性を育てた環境が当たり前に過ぎて、目を凝らさない限り「(男)社会」の(男)の部分が見えない。だから「(男)社会=社会」と思えるわけだ。

そうなると先述した車中の男性の振る舞いは合点がいく。彼がわきまえているルールとそれによって鍛えられた男性性には、マイノリティの感覚がまったく見受けられなかった。マイノリティは社会に参入し、他者と接する際に緊張感を大いに味わう。果たして自分が受け入れられるかどうかわからないからだ。そうなれば細やかな気遣いだってしようというものだ。

翻って考えれば、社会は常に自分を受け入れて当然と思わない限りは、あのような尊大さは身につけられないだろう。むろん、ここでの男性性とはジェンダーであって、男性が生まれもって傲岸な生き物というわけではない、と信じたい。

傲慢さを省みない社会をサバイブしようとすれば、女性たちは断念を迫られる。異性愛者の男が好む女性でない限りメンバーとして扱われない。いや、そうしたところで控えの、サブキャラとして認められるだけだ。

## なぜジャッジメントを行える立場に居続けるのか

僕は武術を習っている。ある日の講習会でのことだ。地方から東京まで出稽古に来られた方が寝袋を抱えて会場に入って来た。それを目ざとく見つけたのは、彼より年上かつ稽古歴も長い練習生で「それ、ちょっと見せて」に「いいですよ」の返事を待つのももどかしい様子で、目を留めた寝袋を取り上げると「これはちょうどいいな」といって、サンドバッグ代わりにしようとした。生憎、ひっかけるにはちょうどいい具合の突起物がない。

　すると、日頃からふざけることが好きな別の古参の練習生が脚立を持ち出すと天井から吊るして即席のサンドバッグにした。何人かが代わる代わる、それを用いて遊び始める。

　既視感が襲う。小学校でも中学校でも高校でも、こういう風景を見てきた。誰かが持っていたものを取り上げて、周りにパスして返さないといった悪ふざけだ。幼い頃はものを取り上げていたけれど、長じるにつれて、ものではなくなり、その人の言葉を取り上げて、おもしろおかしく転がしていった。いじるというやつだ。そうやって物事がノリで進行していくと、それを遮るのはなかなかパワーがいる。当事者が真剣に抗議しても茶化されてさらに囃（はや）し立てられてしまうと、傍にいる人間が言う「やめろよ」の制止に説得力を持たせるのはなかなか難しい。

　いじってふざけるといった感覚的な一体感が醸し出されているときに、その行為の正当性を問うような言葉は空振りするしかない。「ちょっとふざけていただけ」「本気で怒るとかないわ。まじめか！」と、こちらの態度が間違っているかのように扱う。だから次第に学んでいく。悪ノリのサークルに入って身内感を増していく方が楽だし、処世術としては正しいのだと。

寝袋の持ち主は一言も「サンドバッグにしていい」と許可を与えていない。借り受けたおじさんはしばらく練習した後に「いい稽古になるね」と上機嫌の調子で返した。持ち主はなんと答えていいかわからないのか、曖昧に笑顔を見せた。

練習が始まり、先生がデモンストレーションを行うことになった。いつもなら屈強な男性が選ばれるのだが、その日は近くにいた女性が指名され、先生の技を受けた。しっかりと受けて、体勢が崩れない。先生からも「よく練習している」といった声をかけられていた。

その後、休憩になると彼女の周りに無断で寝袋をサンドバッグにしたおじさんとその仲間たちが集まり、「いや、さっきのはすごかったですね」「とても安定してましたよね」と口々に褒めている。女性はというと、周りを中年の男性に囲まれて圧を感じたからだけではない後退り（あとずさ）の姿勢を見せつつ、「ありがとうございます」と返していた。

そのなんとも言いようのない表情に苦さを認めた。ふと、彼女に視線を注いでいるのは僕だけではないという気配を感じ、そちらに目を向けると二十代後半の青年がしらっとした顔つきをしていた。僕と目が合うと「ヤレヤレ」と言いたげに肩をすくめる。

集まっている練習生の大半は男性だ。さっとあたりを眺めた。いま起きている現象について違和感を抱いているのは僕と彼だけのようだった。練習後に若者と話す機会があり、寝袋と女性の件について、どう見ていたのかと聞いてみた。見解がほとんど同じだった。寝袋については無神経であり、女性に対する称賛については鈍感。無神経と鈍感が足並みを揃えてラインダンスを踊っていられるのはなぜなのか？　という話題になった。同じく男性である僕らもいつかそうなるのではないかと懐疑と危機感を交えつつだ。

寝袋については、年上で先輩であるということだけを根拠に他人のものを勝手に扱ってもいいと、なぜ断りもせずに思えたのか、という疑問を互いに持っていた。

しかし、ここでの論点は、単に社会性に欠ける振る舞い、礼を失しているというところにはなかった。そもそも何のために武術を学んでいるのか？　という話なのだ。

武術は何のためにあるのか。色々と述べることはできるだろうけれど、ひとつ言えるのは「いざ」という非常時に遅れをとることなく、間に合うかどうかが問われるということだ。いくら練習でいい結果を残せても、危機に際して慌てふためいていては致命傷を負ってしまう。

非常時とは社会的な約束事が通じない、なんでもありの状況の訪れにほかならない。「なんでもあり」だからといって、道場ではルールは無用と急に隣の人に殴りかかるというようなことはない。

肩書きだとか普段の自分が背負っている社会性を武術に持ち込まないことは最低限のルールである。上司と部下の関係であっても道場においてフラットになるのは、同じ門下生だからといった理由からだけではない。一人の人間の技量が試される緊迫した場において、上司と部下の関係で忖度するような甘さが生じるはずもないからだ。

だけど、サンドバッグおじさんは、明らかに相手が年下で武歴も自分が長いからということで、そのような振る舞いをしても許されると思っていた。

いわゆる体育会系のノリとして、一般的に思い描くのは、こういった自分に甘い序列を認めさせて、それに従わせることでホモソーシャルな関係性を作るところだと思うが、そうであるならば体育会系と武術は相容れないはずだ。なぜなら武術は社会的な規範の外の出来事に向けて稽古を重ねるからだ。にもかかわらず、彼は慣れ親しんだ社会性を道場に持ち込んだわけで、その無自覚の甘えが僕と二十代の彼には無神経に見えた。

ついで女性に対する態度についてだ。悪気なく褒めている。だからいいじゃないかと思うかもしれないが、僕は彼女が男性たちから称賛されたときの表情に苦さを認めた。褒めることは評価であり、ジャッジになっているからだ。それがジャッジである以上、彼女は隠された意図を感じたのではないかと思う。つまり「すごいですね」には「女性の割には」というメッセージが含まれていると。考え過ぎだという人がいれば、僕は「考えなさ過ぎだ」と言いたい。彼女たちが普段から社会においてさらされている視線の質が道場においては例外として持ち込まれない、と思う方が不自然だろう。現に、おじさんはそのルールを持ち込んで、同門の練習生を軽輩扱いしていた。

普段の暮らしで慣れきった文法を男たちは無邪気に持ち込んでいる。そういう語り方が当たり前だと思い、微塵も疑わない。それは武術で言えば隙だらけなはずなのだが、一向に気にする気配がない。

自分よりも社会的序列が下のものにそのような態度を取るとしたら、では自分よりも技量が優れた先生に対して、ホモソーシャルの掟を身につけた男たちはどういう振る舞いをするだろう。そういう目で見ていくと、一定数、先生の技にかかりたがる人がいることに気づく。もちろんいまの自分には到底再現できない技を体験することで自分の練度を高めていく人も中にはいるけれど、どうもそうではなく、先生の技の素晴らしさを証明するために技を受ける人がいる。そういう人は受けた後にいかに素晴らしいか解説する。「全力で頑張ったんですけど、何も抵抗できませんでした！」と感動した面持ちで言う。

確かに技のキレの素晴らしさのあまりに、「うわ」とか咄嗟に声が漏れることはあるだろう。それは感嘆であって説明にはならない。けれどスラスラと語れてしまえるとしたら、そこには何が隠されているだろう。

師匠が素晴らしいと言いたいつもりでも、それはあくまで表層であって、本意は師匠の膝下に置かれることの確認ではないか。先生の素晴らしさを語れる自分を認めてもらうことでインナーサークルの一員となろうとする。師の考えをよそに彼の中では、そのサークルの純然たる構成員は当然ながら男性だ。

## 男の子の自覚はいつ訪れた？

男性にとっては、社会に参入できることが当たり前なので断念が生じない。社会で希望をかなえるだとか大いに羽ばたくだとか「獲得」していくことは考えるし、それが果たせなかったときに挫折はあっても、よもや社会に入っていくことが何かを諦めることになるとはまるで想像していない。

しかし、この社会においては準レギュラー扱いの女性はどうかと言えば、希望はあったにせよ「これからは〝これまで以上〟に向こうのルールに合わせないと生きていけない」と歯ぎしりする悔しさと諦観とが入り混じった思いをしているのではないか。面接でのセクシャルハラスメントや職場でのヒールの強要であるとか、様々な機会を通じて「この社会において女性であるとはどういうことか？」と考えざるをえないし、それは少しずつ身を削られていく経験を伴って訪れるだろう。

差し当たり社会人として働き始めることを社会への参入とするなら、その際に僕は「この社会において男性であるとはどういうことか?」とあまり考えずに済んだ。能天気に男性でいられたからだと思う。

しかし、経済活動の領域に入る前の就学期においては、「男性であるとはどういうことか?」をうっすらと考えさせられた体験があったと気づく。そして、これは僕だけに限らず、本当は誰しもあったことではないか。そのようなことを思うようになったきっかけは、タレントの大竹まことさんがパーソナリティを務めるラジオ番組にゲストとして出演したことだった。大竹さんは僕のサイトに書いていたプロフィールにも目を通していて、「子供の頃は女の子の格好をよくさせられたそうですね」と尋ねた。

確かに小学校二年くらいまで女の子っぽい服を着させられていた。といってもフリルの付いたファンシーな格好ではなく、キュロットだとかタイ付きのシャツだとかで、髪型もセミロングで「おもちゃを買ってあげるから」と母に懇願されて、ゆるふわパーマをかけられたりしていた。たぶん、母は女の子が欲しかったのだろう。当時の写真を見ると我ながら女の子みたいだと思う。いまのいかつい顔とまるで違うので、この成長過程に昆虫でいう変態があったとしか思えない。当時はレストランへ行けば、給仕の男性に椅子を引かれる際、「お嬢さん」と言われたり、デパートの一階の化粧品売り場に母と連れ立っていくと、なぜか店員さんにメイクをされたりしていた。

そういったことを番組中に思い返していると「女の子として育てられたことで、その後に何か感じることはありましたか?」といった趣旨のことを尋ねられた。「自分は男だ」と自覚したのは、そういえばいつだろうか?

身体が弱く、毎週のように熱を出し、おまけに紫外線に弱く日光に当たると疲れて寝込んでしまう虚弱ぶりだったので、外で遊ぶことがほとんどなく、そのため近所に友達もいなかった。幼稚園に通い始めた頃からようやく男の子と接する機会が増えたのだが、まず驚いたのが自分とは違う言葉遣いをしていたことだった。

当時の僕は本を「ご本」といっていたのだが、それを聞きつけると判で押したように周囲は「ご本だって!」というと「ゴホン、ゴホン」と咳き込む仕草をしてからかった。そのような言葉を使うのは恥ずかしいことだと思い、僕は彼らの間で通らない「ご本」を自分の中から削除した。書物に対する距離感が僕と彼らとでは違って、彼らの方が雑に思えたが、それは本が彼らにとってより身近な存在だったからかもしれない。当時の僕は、本や新聞を床に無造作に置くということができなかった。

仲のいい友達はできたけれど、それまで人付き合いがなかったせいもあって、彼らの距離の取り方にドギマギした。何かと肌が触れるのだ。それは「ねぇねぇ」と注意を引こうと触れることであったり、怒って突き飛ばしたり、叩いたり。あるいは、しゃがんで木の葉や虫の死骸を運ぶ蟻や土を這う虫を夢中になって見る際、互いの顔や肩が触れ合っても、まるで気にしないことに驚いた。僕には非常にベタついて感じられた。

当然、男女の別なく身体接触はあったろうけれど、男の子同士の方がちゃんばらごっこだの相撲だの身体が触れる機会が多かった。しかも、それが力強いコンタクトであっても、それはそれとして「あり」なのだと男の子の間では了解されていたように思う。というのは、男の子であれば、それが普通だからで、取っ組み合いの喧嘩にならない限りは、周囲の大人も止めはしなかった。これが女の子なら「やめなさい」と理由の説明もなく言われるか、「おてんば」という括りに入ってしまったように思う。

女の子なら「はしたない」ことが男の子だと普通になる。多少の野蛮さも眉をひそめられながらも、活発さとして扱われる。その仕組みを端的に感じたのは、性器に関しての男の子たちの取り扱い方だった。

## 「ちんこ」の発見

なぜ男の子というのは「チンチン」とか「ちんこ」と連呼してゲラゲラ笑うのだろう。ときに「うんち」も交えてバカ騒ぎする。本当に不思議だった。しかも意味なく唐突に口にして、その笑いが伝播していく。あれを女の子たちはどう見ていたのか。バカじゃなかろうかと思っていたのだろうか。

男の子たちはいつの時点で「男性器がある」ということと自分のあり方を結びつけるのだろう。自覚があるから、自分に付いている小さな突起物のおかしさを笑ってもいいものとして対象化するのだと思う。

最前、大竹さんに「女の子として育てられたことで、その後に何か感じることはありました?」と問われたと書いた。思えば、そもそも「女の子」ということが何かまずわかっていなかった。周りは「おとなしいね、本当に女の子みたいだね」と勝手に女の子扱いしたけれど、かなり適当なことを言っていたのだなといまとなっては思う。

おとなしいと言われて、僕はいつからか照れて見せるようになったが、自分でその振る舞いをしながらもなんだか変だなと感じていたのは確かだった。照れるからさらにおとなしいと言われることになるのだが、自分がただ自分として存在しているだけで、「おとなしい女の子みたいな子供」とラベリングされることから逃げたかった。照れは違和感の表明だったのではないか。

周囲の反応がそういうものだから、僕は「男の子だけど女の子みたいと扱われる存在らしい」という風に感じるようになっていた。そして周りにはボディコンタクトが激し目で乱暴な口の利き方をする子がいて、それが当然のように大人たちから許されていて、チンチンを連呼する。僕は彼らのような「男の子」として振る舞うことができなかった。

でも、ある日、ついにその言葉を口にする日がきた。五歳の冬だった。電気あんかをベッドに入れて寝ていたところ、陰部を低温火傷してしまった。痛痒(いたがゆ)さを訴えたところ母に連れられて皮膚科へ行くことになった。診察室に入ると医者は「どこが痛いの?」と聞いた。母が予め伝えていたはずだがとモジモジしていた。医者も看護師もニヤニヤと笑っている。母が「ほら、先生に言いなさい」という。とうとう僕は「ちんこ」と消え入りそうな小さな声で答えた。

部屋にいたみんなが一斉に笑った。きっと微笑ましく感じたのだろうと思う。だが、顔から火が出るとは、あのような状態を言うのだろう。ものすごく恥ずかしかった。けれども、その恥の感覚よりも記憶に残っているのは、帰宅した後に母が父や兄に、僕が弱々しい声で口にした場面をおもしろおかしく伝えたことだった。そのとき、僕は性器と自分とが分かち難いのだと知らされたように思う。

これがもし女の子であったら、「ほら言いなさい」と女性器を口にするよう言われたろうか。たぶん、口にすることは「はしたない」ので言ってはならないはずだ。

では、なぜ「ちんこ」は良かったのか。「ちんこ」と口にすることで大人がときに眉をひそめたり、微笑ましいものとして笑うのは、「ちんこ」が完全に社会性から逸脱しているわけではなく、半ば公認のものであり、ある程度は社会化されているからではないか。それが可能なのは社会とは男社会のことであり、男とはペニスを誇示しても許される存在だという考えが無自覚にあるからなのかもしれない。だからだろうか。後年、小学校に上がった頃の話だが、学校の近くに露出狂が時折現れており、教師はその度に注意するようにといったが、半笑いで深刻な調子ではなかった。「ふざけてチンチンを出す人」くらいの扱いであったのは、男はペニスを持っている、「だったら、そういうことが起きてもしょうがない」程度の認識だからありえた態度ではなかったろうか。

小学校三年にもなるとようやく女の子と間違えられる頻度は減ってきたものの、格好はいまでいうジェンダーレスな服装がそれなりに多かった。ある日、バミューダショーツを穿いて登校しようと歩いていると、他学年の男の子たちに「おかま!」と野次られた。あまりのショックに一日気持ちが鬱々とし、その日を境にショーツを穿かなくなった。「おかま」ではないと証明するために気に入っていた服を着るのをやめたのだろうか。記憶を辿ると、どうもそうではなさそうだ。

「おかま」と彼らが嘲ったのは、男だけど女と見間違うような格好をしていたからではなく、男なのに「男らしくない」からそう口にしたのではないか。

つまり「男らしくない＝女」ではない。男と女は対比の関係になく、非「男」はただちに「女」ではなかった。だからといって「女」とは何かというと、彼らもわかっていなかったはずだ。母親や姉妹は女の範疇に入っていたかどうかも怪しい。思春期を迎える前の僕らには女性とは、ぼんやりとかすんだ存在でしかなかったのかもしれない。だけど、それでも男らしくないことをいつの間にか「おかま」と呼ぶような価値観を身につけ始めていた。何がそうさせたのかわからない。テレビではいまならありえないようなやり方で、もっと露骨に「おかま」を嘲笑っていた。そういう影響を多分に受けていたと思う。

僕はそういう野蛮さとこれからは渡り合っていかなくてはならないことに傷ついていたのかもしれない。「チンチン」と口にして無邪気に笑っていたのはまだ良かった。

「本当に男子はもう！」とクラスメイトの女子たちが嘆息混じりに言っていたのと変わらない嘆きを大人になっても耳にする。母親たちは我が子の後先考えない能天気な行動に「男の子はバカよね」といったりする。バカさ加減を肯定的に受け止めての嘆息なのか。一方、男も「いつまでもガキのままだ」と誇らしげに口にする。確かに愛すべき愚行はあるかもしれない。

けれど、いつしかその悪意のない「男の子らしさ」が無垢であることを全く保証しない時代が僕らには到来する。粗暴な振る舞いも男であることの証明と、誰が決めたか知らないが、そんなルールが敷かれてしまっていて、当然のように仲間入りを求められる。クラブ活動や教室やいろんな場で男として参入することが求められるようになる。誰も「男とは――」を明示しない。けれども「おまえは男らしくない」という形で「男」が括られる。

僕が「おかま」と言われてびっくりしたのは、性自認を求められたからではなかったろうか。見ず知らずの人間にしかも野卑な調子でいきなり問われた。自分の性をどう捉えているか。これは単純な話ではない。「チンチン」があるからといって男性としての認識を持つわけではない。「男とは何か」が性器の問題に還元されるはずがない。僕には「チンチン」がついていたが、女の子のなりを長らくしていたせいで「チンチン＝自分」という図式からはちょっと距離が取れたように思う。

だから、性器を冗談めかす男の子のノリについていけなかったのは、ペニスが自分の証立てになることがわからなかったからだろう。

## 「男らしい」とは何か

友達に五歳になった子供がいる。生まれたときから彼を知っているが、本当に元気な男の子だ。よく「女の子の方がおしゃべりだ」と言うけれど、その子はずっとしゃべっているし、常に動いている。

女の子の方が言葉の発達が早いということを男性と女性の脳の違いに求める話もいまだに流布しているけれど、最先端の科学の見解では脳に性差はない。

性差がないといっても、「同じように育てたはずだけど、息子より娘の方が言葉を話すのが早かったし、おしゃべりだ」と感じている親がいるのは確かだし、そういう実感があったとしても嘘ではない。でも本当でもないのは、我が子であっても同じように育てることは不可能だし、関係の結び方は同じ家に住んでいても違うはずだからだ。そうなると「やっぱり女の子だから」と性別だけを取り上げて特質の差を言うのはあまり意味がない。それに夫婦の関係性が子供に反映していることだってありえるし、そう思うと子供がおしゃべりなのは、女の子だからとは一概に言えないだろう。

仮に女の子が一般的におしゃべりな性向があるとしても、その一方で「女の子だからおとなしい」みたいな言い方をされることがある。それでは、おしゃべりという活発さと引き合わないけれど、家の中だけでよく話しはしても外ではおとなしいこともある。その反対もあるだろう。どの側面に光を当てるかで見え方は変わる。表だって見えるところが、その子の特質だとは簡単には言えない。

そうであれば「女の子だからおとなしい」「男の子だから活発」というのはいい加減な決

めつけで、もしかしたら男女の違いによる傾向みたいなのはあるのかもしれないけれど、当面のところはその子の気質と性格の違いと捉えた方が、偏見を持たなくていいのではないかと思っている。

僕の場合は屋内外を問わずもの静かで、走り回って遊ぶことはほとんどなかった。なぜそうなったかについては、また別の物語があるので後に書くとして、親族の集まりでは、よく親戚の女の子と比べられて「本当に正反対だな」と言われた。おとなしいことよりも元気で溌剌（はつらつ）としているのが男の子らしいようで、そうでないからからかわれるわけだ。子供の頃から飽きるほど言われてきた。

それは不当だとどこかで思っていた。自分の現状についてとやかく言われる筋合いはないし、それに周囲から「おとなしい」と言われた途端、「おとなしさ」を学習してしまうものだ。「自分は柔弱なのだな」と必要以上に思い始める。引っ込み思案にしても同様だ。周りの大人がわかりやすく理解する手がかりが少ないだけのことを「消極的だ」と評価する。はっきりした態度を取らないのは、それだけ時間をかけて考えているということでもあるから、思慮深いと呼んでもよかったはずなのだけど、そうはならなかった。

そうした周りで話されているすでにある評価基準をもたらす、何気ない言葉の群れの中で身を揉まれて、僕らはジェンダーを学んでいく。「男は――」「女は――」といった切実な体験とは無縁の通俗的な表現ほど、影響を後々までもたらすのではないか。そうして、いつか自身のしゃべる言葉にその色合いが滲んでいき、口を衝く言葉があたかも自分の考えであるかのような錯覚をしていく。

僕が初めてザ・男という存在と出会ったのは小学校一年の頃だった。近くの公園に出没する四年生の男の子がいた。僕は外でほとんど遊ばなかったけれど、唯一の例外は砂場で城を一人で作ることだった。ある日、しゃがんで夢中で城を作っていると、「おい、おまえ、どけ」と言われた。驚いて見上げる。僕は「おまえ」と呼ばれたことがない。親や親族からは名前で、それ以外の大人たちからは「お嬢ちゃん」か「坊ちゃん」と言われていた。

浅黒い肌に短く刈り込んだ髪、ショートパンツというよりは半ズボンという名前がふさわしいボトムスにくしゃくしゃで汚れたTシャツ、腿から膝にかけてところどころが粉を吹いたように白く、靴下のゴムの部分が泥に滲んでいた。特に体格に秀でているわけではないけれど、いざとなると躊躇いなく自分の意向を押し通すような、腕力を感じさせる体つきをしていた。

僕の世代では、もう「ガキ大将」というのはリアリティを失っていた。けれども彼にはガキ大将とは、こういうものであったろうなと想像させる、ちょっとばかり不良の、暴力の匂いを感じた。

その子は公園の砂場やフェンスに囲まれた広場に現れては、遊んでいる子供らを排除していく。彼はいつも三、四人の手下を従えていて、その子たちを「おまえ」もしくは「おまえら」と呼び、口調はぞんざいだった。命じられる方は彼の意を汲んで行動しているように見えた。

その後も公園で頭目然とした彼と何度か遭遇した。そのうち気づいたのは、彼とその手下の子らとは面相や服装は違っても、ある種の同調性があることだった。粗野の一点において共通の振る舞いが窺えた。そのような振りをすることが、仲間の連帯感の証でもあるように見えた。連帯感ではあっても、それを友達というには明らかに序列があった。

おそらく僕はリーダー格の少年に権力のありよう、その原型を見たのだと思う。権力は実際に彼のように腕力があるだけでは保持できない。神輿と同じく、担がれる必要がある。仰ぎ見る者による支持なくしては、継続して自身の力を行使できないからだ。

人々が見上げるのは、「すごい」と嘆息するような、純粋な憧憬や畏怖からではなく、権力への恐怖がそうさせる。圧倒的な力に支配されることで、身体は萎縮し始めるだろう。実際、手下の子たちは、彼の声音にビクッとすくむ様子を幾度も見せ、その後に世辞の笑いを忘れなかった。

僕は現行の「男社会」以外の社会を経験したことがない。だから、この社会を本当に対象化して、客観的に記述することはできない。けれど半世紀も生きてきたので「参与観察」はしてきたと思う。その経験からすると、力に支配されて覚えるのは、怯えだけではない。やがて手にできるかもしれない力に酔いしれる感覚もまたあるはずだ。その期待が身の内に膨らむから、待ち受けるシステムへの参入は男たちにとって戦慄と快楽を意味する。

権力者に承認されたがる下位の立場の者は、このシステムは弱者が一方的に支配されるだけで終わらないカラクリなのだとわかっている。だからこそ、震え上がりながらもそこに進んで参加したがる。そうすれば権力者のような力はまだないが、人を威圧する権力の分け前に与る(あずか)ことはできるからだ。手下の男の子たちは、ボスよりはひ弱ではあっても似たような態度で「おい、どけ」と周囲をおどしていた。

同様の光景にその後の暮らしの中で何度も出会った。強者に従うことで、誰かを従わせる力を行使できる。そうして身に付けられるものが強さであり、自由をもたらすといつしか僕らは思うようになった。つまり、自分が思うままに生きるのではなく、誰かを思い通りに動かすことが自由なのだと学習するようになったのだ。

他人を「思い通りに動かす」という際の「動かす」とは、むろんこちらの意のままにである以上、動かすのではなく実際は拘束、束縛することになる。驚くべきことに、他人の自由を奪うことに自由を感じているのだ。加虐行為に己の力を行使できることの喜びを見出すグロテスクさは、きっと男に限った話ではないだろう。

けれども、なぜか男の場合、力の行使が直接的な暴力につながりやすい。外では優しそうな人であっても家庭やデートでドメスティックバイオレンスを行うのは別に珍しい話ではない。マッチョという短絡な振る舞いへの怖れが男社会の文化には薄く、むしろ力強さと捉えるような価値観を完全に手放せずにいる。いったいなぜなのだろう。

気づけば誰かから支配され、誰かに従うことを受け入れており、恐怖を挟んでの関係しか体験したことがないから、改めて自由について問うことがないのかもしれない。公園での出来事を振り返ると、力の行使を躊躇わない積極性を評価する文化が男らしさの根を作ってしまっているように思う。「おとなしい男は男らしいとはみなさない」考えを身につけてしまい、僕らは勇気について誤解する言葉の体系を学習してしまう。

男社会の前にある「男の子の社会」でも勇気は称賛された。子供たち自身によってよりは、大人たちの「すごいね」といった評価によって、「それを勇気と名付けても良いのだ」と知る機会が多いと思う。学校の教員やクラブのコーチ、いつも利用する店のおじさん、テレビや映画で描かれる主人公。いろんな場面で出会う男たちは、自分がやりたいかやりたくないかは別にして、「みんなや組織のためにやらなければならない」と言われたことを見事にやり遂げるような、理非を問わずに突破する力を男らしさの発現だと褒めた。

褒められれば悪い気はしない。だから、その期待に応えようとするのも仕方ないだろう。だけど、ときに向こうみずの勇気すら評価してしまう人の規範とは何なのだろう。気弱で勇気の足りない僕はそこが気になって仕方がなかった。彼らは概ね言われたことに従わない場合、「それはよくない」と表情を曇らせた。この社会において男でありながら弱く脆いところをさらけ出していては爪弾きにされることを予感させた。

公園のリーダーは自動販売機の下に落ちたコインを手下に探させるみたいなことをしていた。そうした命令の理不尽さをそのまま受け止めて、それこそ勇気を持って実行することもあったが、彼らが時折目配せしあっていたことも忘れられない。力に対し従属しなければ罰を与えられるという恐怖を互いに分かち持っていたのだろう。だからこそ怖れを振り切る勇猛さが価値を持つのかもしれない。

こういうことを書くと、勇気の価値を不当に貶めているように聞こえるかもしれない。でも、これは僕たちが価値を置く勇気の否定的な側面を取り上げているだけだ。勇気を奮うことがいつだって良いこととは限らない。特に、この社会が価値を置く勇気のあり方は、幼い時分に僕らが体験の中で摑み取った感覚とは異なっているからだ。

まだ子供だった頃、僕らは初めて目にするものが多かった。人間は本能的に新たな出来事に遭遇すると警戒し、怖れる。同時に好奇心もそそられる。そこで勇気を出して手にしてみる。味わってみる。未知に向けて一歩を踏み出してみる。すると不思議なことに親や周囲に褒められた。「よくやった。勇気があるね」。怖気づいて泣くと、「よしよし、怖かったね」と言われることもあれば、「ほら、もっとがんばってごらん」「ほんと、この子は臆病なんだから」と言われもした。

「怖かったね」と受け止められたことは、そのときに感じていることそのままなので、感覚的に後を引かない。けれど何の気なしにであれ「がんばれ」だの「臆病」だのと言われては、やはり自分の感じていることは、そうであってはならない姿であり、正しくはないのだと感じてしまうのではないだろうか。それは「よくやった。勇気があるね」の肯定の評価であっても起きることでもあるだろう。

新しいことに挑戦したとき、外からは勇気を出して怖れを乗り越えたように見える。だから「よくやった」と褒められたわけだ。嬉しくはある。けれども評価にかなった嬉しさに引っ張られて忘れがちなのは、やがて褒められるために行おうとすることだ。

本当のところ「勇気を奮う」とは、内的な体験としてはどういう訪れだったのだろう。周囲が騒ぐほど、乗り越えるといった体感がそこにあったろうか。

# 2章

# 恐怖と勇気が与え、奪い去ったもの

## 男は一家の大黒柱

僕の通った小中学校では、教師であっても生徒に向けて「女の腐ったみたいな奴だ」とか「女々しい」と平気で口にした。一九七〇年代から八〇年代にかけてのことだ。教員には培ってきた自身の価値観を改める教育期間がなかったのだろう。

「女の腐ったみたいな奴だ」といったのは、小学校六年時の女性の担任教師で、この人は生徒の反応が気に入らないと授業を途中で放り出して職員室へ戻ったり、それぞれが抱えている家庭の事情をみんなの前であげつらったりした。中学では三十代半ばの男性教員が廊下で喧嘩していた男の子たちを叱りつけた。男の子が弁解を口にしたところ、「言い訳をするな」といった後に「女々しいぞ、おまえ」と続けて罵(ののし)った。

加えて体罰は当たり前で女子も容赦なく殴られていた。教師が暴力で言うことを聞かせるのは当然だった。そんな世相を反映してか、学校を舞台にしたテレビドラマでは、親が教師に向かって「うちの子が悪かったら遠慮なく殴ってください」といったセリフを口にしていた。殴ることでわからせるという作法が教育だとなぜか思われていた。

僕らは自分たちを取り巻く支配秩序の存在を罰によって知った。ただ従順になるだけでは足りなくて、大人たちに評価される方向に進まなくてはならなかった。しかもそこには男女差がそうとははっきり言われない形で存在したから、暗黙のうちにあるべき姿をわきまえていった。

その頃はまだPTAもいまほどすたれておらず、学校と家庭は手を携えることがあまり疑われていなかった。それは良き教育に向けての連携というよりは、「学校での振る舞いが悪かったり、成績が良くないのは親のしつけがなっていないから」といった道徳観を共有し、家族のあり方を均質化する方向に働きかけていた。

均質さは至る所で顔を覗かせていた。たとえば社会科の授業で教師が働くことをテーマに取り上げた際、クラスメイトの男子は「一家の大黒柱」という文言を交えて発言した。それを受けた教師が「君も男なのだから、いずれ一家の大黒柱として働くことになる」といった内容を話したのを覚えている。彼は男性の働き方についてしか言及せず、女性の経済活動は念頭になかった。一見穏当な話題に見えながら、性的役割を明らかに含んだ会話は学校と家庭の間を滑らかにつないでいた。

大黒柱と聞いて暗い心持ちになった。父は会社を経営しており、毎日忙しくしていた。それでも夕食は家族と一緒に食べることを原則にしていたのだが、楽しいひとときとは縁遠いものだった。明らかに不機嫌な顔で食卓につくことも多く、子供ながら経営上の心配がたくさんあるのだろうとは想像できた。そういう気配りを子供心にしてはいても、父の態度を和らげることはほとんどできなかった。憮然とした顔をしたまま無言で食べる。一日の出来事を話すと、良いとか悪いとか評価を下され、楽しかったはずの気持ちが消えてしまった。ちょっとしたことですぐに怒鳴ったりする。とても団欒（だんらん）を大事にしているとは思えなかった。こんなふうに周りが萎縮するような態度を父が平然と取れたのは、自分が稼いで家族を養っているという自負があったのと、家族を管理下におきたがっていたからではないかと思う。そんな体験を日々していたので、大黒柱とはごめん被りたい存在であり、家長として振る舞うというのも自分の手に余るという感覚があった。

「いずれ男は家長になる」を補強するのが当時よく耳にした、「男は外へ狩猟に出かけ、女は採集と家事を行ってきた」という俗説だった。狩猟と聞いて思い出すのは、もっと幼い頃、父の商売相手の社長宅のパーティーに呼ばれた際、庭で仔豚を一頭丸焼きしている光景だった。体の真ん中を串刺しにされて、全体に火がまわるようにぐるぐると回転させられていた。怖気付いて一口も食べられなかった。いまにして思えば豚は野生ではなく家畜であるのだけれど、狩猟と聞くと「自分で動物を屠（ほふ）ってあのように丸焼きにしないといけないのか」と思われて、到底できそうにもないため、またしてもプレッシャーを感じたのだった。

## 勇気とは何か

それにメディアでも「男とはかくあるべし」と暗示するものはたくさんあった。たとえば食品メーカーのＣＭでは「わんぱくでもいい。逞しく育ってほしい」というナレーションが流れていた。アウトドアで奮闘する父親と息子といったシーンがほとんどで、そこに女の子は登場しなかった。男は男らしいのが当然であり、そのためにはタフであること、勇気を持って挑戦することが必要なのだという考えがそこら中に溢れていた。

けれども、その挑戦とは何かといえば、本当に新しい未知の事柄に向けてではなく、あくまで与えられた課題や試練に対してだった。集団の中での役割を果たすこと、苦手科目を克服し、テストで好成績をあげること。つらいしごきにも耐えてスポーツの練習に打ち込むこと。学校や家庭で評価されることは、そういったすでにルールが設定されたものが対象だった。自分には現状のやり方が合わないから、違う方法で行おうとすれば「普通はそんなことをしない」と独自の判断に基づく行為はワガママだと退けられた。僕らは物事を「正しく」理解することを求められるだけだった。独自の判断は逸脱だとみなされる中で、次第に自分の感性を粉砕するように努力していた。

親や教師が信じてきた価値観からはみ出さない範囲でなければ評価の対象にならない。そうであるならば、男の子が身につけるべき逞しさや勇気は忍耐、我慢、服従にならざるをえなかった。

前章の終わりに「本当のところ『勇気を奮う』とは、内的な体験としてはどういう訪れだったのだろう。周囲が騒ぐほど、乗り越えるといった体感がそこにあったろうか」と記した。

これについて説明する上でまず思い出したのは、水泳の授業で飛び込めなくて怯んでいる男の子に、教師が「勇気を出せ」とけしかけていたことだ。言われた子は目をつむり息を詰めて「えいや」と踏み出した。そして腹から着水して、水しぶきが上がった。教師は落胆した表情をチラッと見せ、周囲は盛大に失敗を笑う。

勇気の見返りが落胆と失笑という経験を男は少なからずしているはずだ。結果を伴わないのであれば勇気の名に値しない。期待通りにできないことは弱いことであり、男らしくはない。そうしたプレッシャーの中で発揮される勇気は、大抵は「なるようになれ」という一か八かの自暴自棄になってしまう。失敗と恥をかくことへの恐れから逃れたくて、やるべきことに集中できなくなっている。結果ばかり気になって、いまの自分が感じている状態を大事にできない。だから緊張するし、失敗もする。

ところが緊張しながらも、たまたまうまくいくこともある。実はそのときの方が成功の手応えは強いはずだ。勇気を振り絞って恐怖に立ち向かったという実感が強く得られるからだ。

「無我夢中でやってみたらなんとなくできた」というのでは、盛り上がらない。克服のドラマとしての味付けが淡白に過ぎるのだ。自分の内側の感覚に目を向けるよりも、「とにかく結果を出せ」「根性を見せろ」と熱っぽい口調で言われると妙に説得力があるように聞こえてしまい、その言葉に煽られて一歩踏み出すことが勇気だと錯覚するようになってしまう。そうして命じられた試練を乗り越え、他人の期待に応えて結果を出したとする。やがて「ひょっとしたら勇気があるのでは?」と密かに自負するようになれば、躊躇いを臆病、弱さとして簡単に捉えてしまうだろう。強くなった感覚が嬉しいからだ。

けれども、怯む気持ちの中に隠されていたはずの、注意深さ、慎重さを見逃すようになってしまう。そうなると僕らは精神論という、何を言ってもそれらしく聞こえる枠組みを知らず採用するようになる。

僕の記憶の限りでは、勇気を精神論として語る人がほとんどだった。プールに飛び込めない子に向けて「勇気を出せ」と言うことに、一体どういう意味があるのだろう。その子が飛び込めないのは怖いからだ。怖いのは自分に飛び込むだけの力量がないとわかっているからだ。

それなりの自信がついたら、「怖いけれどやってみよう」という気になれる。この「気になれる」が勇気の初発にあるはずなのに、そこをすっ飛ばして「ただ勇気を出してやればいい。やれないのは勇気がないからだ」と堂々めぐりの言葉で語ることを指導と捉えている人が学校に限らず、教育と名のつく場には多くいた。

　恐怖を感じる事柄に向けて一歩を踏み出せたのは、怖れに立ち向かったというよりは、好奇心の方が勝って躊躇いを振り解いたからではないか。僕らが勇気を奮えるのは、物事に恐れを上回るだけの新奇さを見出し、それを探求したいと感じたときのはずだ。そして探求の仕方は人それぞれであり、およそ教える立場にあるならば、そこにフォーカスすべきだったと思う。

　勇気の発揮を誤解して覚え、やがて幼子の時期を後にして、男として扱われるようになる頃には、いつの間にか僕らは勇ましいことが評価される社会の一員になっている。男社会の構成員である限りは、飛び込みの際に怯んだ子への励ましと同じことがあちらこちらで繰り返されている。たとえば、とにかく「やってみろ」と指示された仕事に対して及び腰になるとき、意気地がないと言われる。

　けれども、そのときの自分の心持ちをよく見ていけば、取り組めないのは「そういう威圧的なやり方に従いたくない」だけだったのかもしれない。しかしながら男たちの間では従属の拒否は「決断できない怯懦（きょうだ）さ」に変換されてしまう。みんながやっていることに従わないのは、重大な罪になる。なぜなら男社会のルールにおいては、「みんなと違う態度をとる」

ことは権力を保持するシステムに亀裂を走らせるからだ。極めて個人的な決断は「みんな」という群れを動揺させる。なんであれ「みんなから逸脱しない」という、脆弱な意志を頑なに持つことで権力を維持できると知っている男たちからすれば、「みんな」からの承認を得ることに安心を見出さない異分子は排除されるべきなのだ。男が真っ当な男になるためには、服属を忘れてはならない。

男に限らず評価を求める「承認欲求」は誰しも持っているし、それが悪いわけではない。けれども男たちの間では、そのことの何がことさら問題になるのだろうか。僕らの間では承認されるとは「大人」としてではなく、あくまで「男」として扱われるところが重要になってくる。

男として評価される価値は力強さ、がんばり、忍耐、決断、動じない心、やさしさなどがあるだろう。それら「男らしさ」が備える強さはやはり従うことにある。「イエス」と言い続けるところに特徴があるだろう。腕力と精神的な逞しさ、命じられたことをやり通す。少々の無理なことにも取り組む。できないことをできないと言わない。弱音を吐かずに遂行する。弱い者を守る。

こうして並べてみるとわかるのは、男らしさはありのままの姿を示しても発現しないことだ。男は自身の強さを証明するために常に「強くあろう」としなければならない。男社会が要請する男になるためには、現状の自分を必ず否定しなくてはならない。

　僕らは映画に登場するようなヒーローではないのだから、不撓不屈でもないし、不可能を可能にするような奇跡も起こせない。できないことが多々ある極めて凡庸な一人の人間であるにもかかわらず、男らしさはそれに同意することを「耐えがたい」と感じてしまう。ありのままを感じるとは、できないことを認めることであり、それは自分を「弱い人間だ」と認定することにつながるからだ。ここに浅慮が顔を覗かせる。「自分には弱いところがある」ということは単なる事実だ。にもかかわらず「自分はダメだ」と存在そのものを価値なしと結びつけて理解してしまう。できないことがあるとして、それがなぜ自身の全否定になるのか。そういう捉え方をしてしまう背景には、「やればできる。やらないのはおまえが弱いからだ」といった、励ましという名の決めつけをたくさん受けてきたこともあるだろう。

　そうした言動をする人は「やる」のであれば全肯定。「やらない」のは全否定といった捉え方しか知らないことを告白している。経験の浅さと感覚の圧倒的な薄さを公開することによって、その人はいったい何を得ているのだろう。案外、男たちは自分で口にしていることが、自分にとってどういう意味を持っているのかを考えずに話しているのではないか。なぜそうなるのかというと、イエスと周囲に言い続けることによって、男は男でいられる。そんなシステムに乗っかったからだ。見事に男社会の類型的な男になれば評価されはする。だからといって決して個人として認められたわけではない。あくまで男として認知されるだけだ。できないことはただ単に「できないこと」ではなく、受け入れ難い「弱さ」でしかないとジャッジされれば、それを隠すことが強さだと思ってしまうだろう。このようにして現状の自分から目を背けることを大抵の場合、克服と呼んでいる。いまの自分を否定する克己心(こっきしん)が自身の強さの証明だと錯覚してしまうのだ。

## 克己心という意気込みの表明

小学五年と六年の二回、父の意向により僕は次世代の経営者を育てるための五日間にわたる研修に参加した。一日の始まりは「おはようございます」と、近くにいたらうるさいだろうとしか思えないくらいの大きな声で挨拶するよう言われ、人に何かしてもらえば、「ありがとうございます」と感謝の言葉をこれまた大声ですかさず述べることを求められた。ハキハキとした態度と感謝の心を養おうとしたのだろう。僕にすれば謙虚さを失わせ、鈍感にさせようとしているとしか感じられなかった。

研修内容を簡潔に言えば「やればできる」「感謝」に尽きた。既視感があるのは彼らが教えようとする発想に馴染みがあったからだ。自宅の書斎には松下電器（現パナソニック）の創業者、松下幸之助に関する書籍やビデオの類をはじめ、努力と感謝によって利益がもたらされ、それがひいては世の役に立つ、といった「成功の哲学」をうたう本がたくさんあった。僕は暇に任せてそれらのほとんどを読んでいた。どの本も「商売道」とでもいうほかない、泥臭い精神論を大いに語っていた。

成功のためには現状に甘んじることなく品質の向上を目指さなくてはならない。顧客の求める良い製品を作れば必ず売れる。そうした努力は概ね心持ちの問題だと、克己心の重要さが語られていた。

克己心は勝利と結びついており、この図式は僕が参加した研修においても同様だった。勝利に結実しないのは努力が足りないからであり、己の甘さに打ち克つ気持ちが弱いと世の中を渡ってはいけない。講師らはそう語った。脇道に逸れようのない単線の発想だった。

我が家においては、その考えは既定の路線であったし、周囲を見渡しても似たようなものだった。学校や塾ではテストの点数が低いと怒られたり、怠け者だと罵られた。テストとは文字通り「試す」ことであり、いまの自分の理解を知るために試しに行ってみるものだ。点数が低ければそれだけの理解しかしていないということであり、良いも悪いもない。人間性と関係ないはずなのだが、不思議なくらい親も教師もそうは考えなかった。

経済大国の一角を占めることに邁進していた社会であったから何にせよ獲得、拡張することは正しかった。まして勝利できないとすれば、その人間が怠惰であるという考えは疑われにくいものだった。そして、ここでいう「人間」は主に男性を指す。経営者の子供は男だけではなかったはずだが、研修には女の子は参加していなかった。克己と勝利を辿る道は男の子が成長していき、やがて男になる上では欠かせないという考えが特に意識されることなく当たり前のものとしてあった。

周囲にいた大人たちが強調した「克己心」だが、いまにして思うと彼らは克己とはほとんど無関係の話をずっとしていた。彼らが注目していたのは、あくまで「いまの自分に打ち克とうとする心」であり、いわば意気込みだった。現に己に克つ状態を重視しているわけではなかった。「できるかできないかではない。やるかやらないかだ」と決まり文句のような言い回しを好み、それを聞くとどうしたところで、自分の口調に酔っているとしか見えなかった。「根性を出してやっている」という力感のアピールをこちらに向けて行っていることは十分窺えた。

克己心という意気込みを強調すればするほど、実際の自分とそうなりたい自分との間にズレが生じるはずなのだが、大人たちはそうした感覚のもたらす違和をどうやら問題にしていなかった。おそらく現実と理想のズレがあったとしても、それは一致できない「心の弱さ」で片づけてしまうのだろう。そのため「克己心が大事だから克己心を持たなければいけけない」といった、なぜ大事なのかの説明のないままの、非常に彩度の低い感覚的な言葉の循環を口にすることが説得力になるはずだという態度を崩さなかった。

男たちの文化においては「感覚よりも論理」が重視されているはずだが、ズレという違和感を言葉にしないのはなぜなのだろう。あまりに不思議だった。おそらく違和を感じない、あるいは感じてはならないという感覚の固定化を自らに強いているからだろう。

## 感覚的には筋道が通っていない

男たちは体感しているはずの違和を言葉にすることを恐れているのではないか。というのは、感覚的な把握を言葉にすると雑然として見えるからだ。知識や情報の後押しがない。「なんとなくそう感じる」といった表現では説得力がないし、誰かに向けて表明するには貧弱に感じてしまう。だから「これでは話にならない」と臆見(おっけん)してしまう。決して「言葉で言い表せないほど豊かである」とは思えないのは、「確固として語れないのはいけないことだし、そんなことを口にしたら否定されてしまう」という恐れが身体の深くに滲(し)み入っているからだ。

けれども、その恐れも含めて深く感じることをどうして避けるのだろう。感じてしまっては得られないものがあるからだろう。それが強さであり、他の誰かよりも強いことでもたらされる勝利だ。

　勝利を目指す男たちが熱心に目を向けるのは、自分の内側の感覚や感情ではなく、外から与えられた環境に対して「いかに立ち向かうか」についてだ。そこではできるかどうかという荒い分類の仕方は重視されはする。一方、繊細で感覚的な把握の扱いは、弱さであり取るに足らないものでしかない。やはりキッパリと決断することが男らしい振る舞いだという考えが幅を利かせている。

　男らしい態度で取り組む対象に数え上げられるのは、達成すべき営業ノルマやクリアすべき課題だったりするが、これらにはすでに社会的な価値が与えられている。そうした問題と自分との関係を単純化し、乗り越えることに血道を上げていくと、「どのように」といったノウハウに関する言語化は行うだろう。だが、「なぜ」という問いがもたらす違和感については考えることがなくなる。なぜ自分は「すべき」とばかり考えているのか。「なぜ」は「どのように」という発想に比べて、現実の解決にすぐに役立たないから価値を見出されにくい。

　そうなると男がいう「論理」とはどういうものかがだんだんと明らかになるだろう。大抵は、ノウハウによって現状の問題を克服し、目標を達成していこうという行程を「論理」と呼んでいるのではないか。しかも、目標は自分と同じ目線の高さにはなく、絶えず上にある。強くならない限り達成しない高次の目標に向けて、男はにじり寄ろうとする。いまの自分は弱く小さいのだと誰かが言わずとも信じ込み、自主的に萎縮していく。

怯えた身体では前向きに生きることは本当ならば叶わないはずだ。しかし、まさにそのときに男社会の先達がこう言う。「いまはおまえは弱い。無力だ。だからこそ強くなることに価値がある」。先行する者は無力な自分よりも上位にいて、この先の歩みを保証してくれる。ここで克己ではなく克己心が重要になってくる。ルールから外れず、その中で「がんばっている」という力感をアピールすれば、上位の男たちに歓迎される。なぜなら安心して評価できるからだ。

冒頭に記した研修において詳細は失念したが、与えられた課題を達成するための取り組み方をグループごとに考えて発表することになった。こっぴどく怒られたのはがんばりと無駄を省いた、いわば力感を削いだ工学的なアイデアを出したグループだった。怒られたのはやる気が感じられなかったからだ。最も評価されたのは実現できるかどうかはともかく課題に向かうやる気を見せたグループだった。それが能動性、積極性、協調性として評価された。ここに示された態度はいまとは関係のない、昭和に終わりを迎えた古い話で片付けられればいいのだが、そうではないのが実情だろう。

男にとって達成すべき目標は常に仰角にあり、男であることを認めてくれる者も上位にいる。ということは、それらとの関係性は見上げるか見下ろすかの垂直方向に築かれており、決して水平方向のつながりにならないということだ。僕らは支配については馴染み深くとも、手を取り合う連帯をよく知らない。これが男たちの現在地だ。

## 権力を脇に置くことができない

「勝利をもたらす克己心が大事だ」といった強さを誇る物語は、連帯と相性が悪い。共に手を携え、分かち合う関係の方が力まなくて済むし、リラックスして物事に取り組めるはずだと頭ではわかっていても、そうのびのびと寛いではいられない事情がある。克己心という力感に同調した男たちは、支配のための権力を決して手放さない。社会的な属性を気にせず、水平の関係を結ぼうとすれば、慣れ親しんだ権力との付き合い方では全く通用しない。男たちはそのことをわかっている。

隣人と対等に付き合う関係においては、いたわりやケアは欠かせない。一方的に察してもらったりするのではなく、自分を開示する必要があるからだ。「僕はこう思っているのだが、あなたはどのように感じているのか」と率直に尋ねるとすれば、肩書きなどの属性の持つ力を誇示しない、飾り立てない自分として相手の前にいる必要がある。その上で落ち着いて話そうとすれば、互いにいまの自身の気持ちや感情、感覚を素直に伝えることから始めなくてはならないだろう。

このように胸襟（きょうきん）を開くには、権力を脇に置かなくてはならない。つまり権力によって得られる「強さ」を手放す必要があるのだ。だが、これが男社会の文化にどっぷり浸ってきたマジョリティの男たちにはひどく難しい。

「なぜ気持ちや感じていることを口にするのが難しいのですか？」と彼らに問うてみても、きっと言葉に詰まるはずだ。返答に困るのは自身が手にしている権力について考えてみたことがないというのもあるだろう。でも、きっとそれだけではない。マイノリティの立場に思いを馳せてみる感覚的体験が圧倒的に少ないせいもあるだろう。

男社会においてマジョリティであれば、社会的な地位に応じた、ある種の型とも言えるような態度は身につく。だが、あくまでそれは「社会的な振る舞い」であって、人間的であるかどうかは別だ。

たとえば上司と部下や〝家長〟である自身と妻とのやり取りだ。「相手が何を感じ、何を思っているか」ではなく、「良いか悪いか」「正しいか誤っているか」でジャッジすることをコミュニケーションだと思ってしまっている男性も少なくない。それでいて「ちゃんと話は聞いている」と思っているのだが、実際に行っているのは、自身が信じる価値観と照らし合わせて、相手の言い分を自動的に分別していることでしかない。自分の考えとは異なる人＝誤った考えの持ち主という発想になってしまい、「自分と違った生き方をしているだけのこと」という単なる事実として受け止められない。

「ある種の型」と述べたように、マジョリティは義務教育から高等教育、そして就職と用意された路線を正しく歩むことに本質的に疑いを持たなかった。これは良し悪しの問題ではない。「みんながそうだから」「普通はそうするものだ」といった具合に、すでにある社会に馴染むことができるからこそマジョリティなのだ。「みんな」や「普通」に合わせているだけでは、均質化した考えを育んでいるのではないか？　という省察が訪れにくい。

## 感覚を味わうこと

自分とは全く違う生き方に出会ったとする。自分は「その人」ではないし、同じような人生を歩むことはできないから、当人の経験の意義は他人にはわからない。だとしても、その人の来し方、考えをジャッジすることなく、異なる立場に触れて湧き起こる感覚を味わうという体験はできるはずだ。マジョリティには、そういう感覚的体験が不足している。異なる

価値観の持ち主である他者とも出会わず、友愛を感じられる仲間もいない。自分と似た男たちと同調していくことが社会を生きることだと、いつかの時点で思ってしまったのだ。そうして、やり繰りしていくことが人生だと理解するようになった途端、僕らは他者と感覚的につながる手立てを失う一歩を確実に進めてしまっている。

「他者」と「感覚的につながる」だ。同じプロジェクトの実現を目指すメンバーとの間で得られる合意でも、込み入った議論を可能にする概念の共有でも、趣味に関する蘊蓄(うんちく)を披露しあうことでもない。何かができることにおいて「仲間である」と確認し、そこに安心を見出すのではなく、自分とは違う他者として相手を感じられるかどうかなのだ。

あなたと僕は別の人間であり、あなたにできることは僕はできない。僕のできることはあなたはできない。こうした他者性の発見は、自身と相手との埋めることのできない遠さを見出す。それ故に敬意を生むはずだ。

けれども均質的な価値観を信じる者との同調性を重んじてきた感性は、自分と異なる存在を前にすると、決して自分とは「同じ」にはならないため不安を覚えてしまう。違うからこそ補い合えばいいはずなのだが、そうはならない。「できないことを弱さとみなす」といった評価を採用した文化で育った身には、異なる他者はどう映るかと言えば、自分よりもできないのであれば、それは弱みなので責めたり、いじめて当然のことになる。

一方、他者に比べて自分ができないとすれば、それを感じ口にすることは自身の脆弱さを明かすことにしかならない。今度は自分に攻撃の矛先が向きかねない。だから気持ちや感覚、感情を口にすることを弱さとして扱い、秘匿する。それを不言実行と言いくるめることさえしてしまうだろう。

不言実行はあれこれ言う前に行ってみせることを意味する。理想や仮定の話にどれだけ言葉を尽くそうとも、自分に何ができて、何ができないかは実行してみて初めてわかることだ。しかし、男らしさを褒めそやす文化の中では、長らく「不言」を「弱音を吐かない」と解釈して、ともかく実行さえすればいいとする傾向があったのだと思う。弱音はみんなとの同調を動揺させるため、言ってはならない。聞いてはならないものなのだ。

また実行力を「節を曲げない不屈」と言い換えれば、融通は利かないが一本気な性格と評価されもした。一面ではそうであるが、曲げない強さは何と取引の上で手に入れたのだろうか？　やはり自分の弱さを聞き入れない、耳を傾けない頑なさによってではないか。自らの弱さを認められない人が他人の弱さに共感したり、理解できるだろうか。かなり難しいだろう。

自身の弱さを受け入れない。しかし、そうやって拒絶する自分は他人に認められたい。そんな都合の良い人物を周囲が認めるとしたら、同じく弱さを認めないという葛藤を分かち合うことによって成り立つはずだ。

つまり、彼の弱さを受け入れるのではなく、見ないことによって彼の存在を認めるのだ。人格においてではなく、欠点を抱えた男の類型として社会に配置され、その序列化に僕らは安心する。絶えず秩序に対してイエスと言い続け、従うことを疑いもせずに生きていると、やがては心を開くことが何かわからなくなる。イエスと言い難い事柄についても飲み込み続けるとしたら、自分の身体感覚を無視するほかないからだ。そうなれば自分の気持ちを感じることもおろそかになってしまう。「権力ある人が言うのだから」とか「理屈では間違っていないのだから」と言いくるめてしまう。感覚的に「おかしい」と捉えた、最初の直感に基づく判断を信じられなくなる。

それどころかイエスと言い切る決断を強さだと思い始めるだろう。それは動じない心の強さと一見思えるけれど、柔軟に動けない、瞬間の判断の鈍さを物語ってもいる。

イエスと言い続けることは現状の追認であり、自立の拒否と言い換えられる。男たちの群れの外に出ることへの恐怖が、ノーとは言えない自分に仕立てあげる。それをつらいと感じて口にしたい誘惑にかられるが、周囲から同情されたり、慰められ、励まされることは忌避したいから話しはしない。それらがエンパワメントではなく、「傷の舐め合い」であり依存に感じられてしまうからだ。

「社会は厳しいのだ。甘えるな」と言いたがる男は多い。だが、そもそもを言えば、僕らは互いの弱さを認めることを拒絶し、強さを装う時点で、決して本当のことを口にしないという関係性に甘えてきたはずだ。弱さを吐露はしないが察しては欲しい。そうした馴れ馴れしい期待があるからこそ、自身が従っている支配の構図を他者に当てはめ、マウンティングやマンスプレイニングを安易にも行っているのだ。

「社会は厳しいのだ。甘えるな」と口にするとき、その口ぶりはなじる調子であり、怒りが言葉を覆っている。男であるならばきつい状況であっても強くあらねばならない。にもかかわらず、その体(てい)たらくはなんだという怒りは、男らしさからの逸脱をありえないこととして糾弾するように見える。

しかしながら、その発言へと駆り立てる思いや感情に目を向けていくと、明らかになるのは社会の厳しさに出会って、傷ついた過去があることではないだろうか。弱音を吐いて助けを求めたが拒絶された。あるいは求めたかったが、弱者の烙印(らくいん)を押されることを怖れて口を閉じた。他人に受け入れられなかった、行き場のない悲しみが裏返って、解消されることのない怒りとして、男たちの胸の内にくすぶり続けているのではないだろうか。

「強くあろうとする」という力感に満ちた自分こそが本来の自身であり本当の男だ。それを僕らは強固な信念と呼ぶ。ところが力感は実際に発揮できる力とは関係がないと自身ではわかっているので、強さを誇示すればするほど、自分のできなさ、内面の弱さが目立ってくる。

傷ついた過去を持ち、それがいつまで経っても癒えることがなく、痛みを訴えかける。それが当人には克服できない「弱さ」に感じられてならない。そのようにして自身にできないことがあるという現状を否定的に扱う態度は、不断に自分に対して行われる教育となり、自己への不信を増大させていく。この学習を通じ、男たちは恐怖を身体に刻んでいく。

## 理想の自分と現実の自分のズレ

不出来は弱さであるから、この克服こそが課題であるという信念を男たちは持つようになる。こうした信条に対する共感からか、男たちの群れにおいては目標を掲げ、それに向けた努力を惜しまないとき、ひどく褒められる。ただ一心に向かっている姿を好ましく思う人が多いからだろう。しかし、周囲の評価をよそに自分の中をよく覗き込めば、努力それ自体が強烈な葛藤を呼んでいることも大いにあるはずだ。

「ダラダラとおやつを食べてしまう習慣をやめる」とか「何がなんでもプロジェクトを達成する」とか、日常のどうということのない取り組みであれ、大きな事業の遂行であれ、現状の自分を乗り越えようとすれば、必ずといっていいほど「ありえたかもしれない自分」を設定し、それを達成しようという想念での取り組みを行う。そうなりたい自分とそうではない弱い自分。「そうなりたい」と強くなろうとすれば、必ず力みや歪みが生じる。というのも、できないことを無理にやろうとしてもギクシャクしてしまって、無駄に力が入ってしまうからだ。

こういう力感を絶えず味わい続けるのは結構疲れるはずなのに、そのストレスを当たり前の日常にしてしまえるのも克己心のなせる業だ。それでもストレスを跳ね除けたいという衝動はなくなりはしないから、無駄な力みが雑な表現を取ってしまいがちになる。そうなると自分に対してすら「言うことを聞かせる」といった厳しい扱い、手荒な支配に傾きがちで、ストイックと言えば聞こえはいいが、その態度は暴力とつながりやすい。

たとえば、子供の頃に親や教師、そのほか身近な大人たちに自分の発見だとかできたことを「ねぇ、見て見て！」と思わず口にして、どうだと言わんばかりに披露したことがあっただろう。まだ大人の喜びそうなことをしてみせて周囲を安心させる。そのことで承認欲求を満たすといった、駆け引きを知らない頃の話だ。ただ、自分の身体の内にほころんだ喜びを共有したい。原始的な感覚としか言いようのない衝動に任せて、大人の前に無防備に感じたままの身をさらした。

そのとき、どういった態度に僕らは出会ったろう。「すごいね」と感覚の共有が起き、祝福されただろうか。それとも「すごいね」の後に「でも、もっとこうした方がいいんじゃない？」と、喜びの贈与を純粋なものとして受け取ることを拒絶されただろうか。

言葉を話せるようになるに従い、後者の体験が増えていったのではないだろうか。大人たちは純粋さの拒否のやり取りをコミュニケーションの巧みさ、深まりとなぜか理解していた。「こうした方がいい」と助言するのは「社会的に認められるには稚拙である」とジャッジしているからだ。そもそも彼らは「なぜ社会に認められないといけないのか」について説明しただろうか。そして、僕らもそう問う前に、迂闊にも彼らの話す文法に合わせて、饒舌に話すことを覚えてしまった。要求された考えに合わせて自分の内面を作っていくようになった。自分に命令し、その通りに動くようにするという支配的で暴力的な振る舞いの始まりだ。

「言うことを聞かない自分の中の存在」とは社会的に認められない稚拙さ、弱さを抱えた自分だ。これがあらわになると社会的に立ち行かなくなるという恐れを男たちは持っている。幼いときに言われた「もっとこうした方がいい」は、大人になったいまは「なぜ、そうしないのか」「言うことを聞かないおまえはダメだ」と頭ごなしの口調として心の中で響くようになっている。

男社会の中で「社会的に認められない」としたら、それは男性の基準に達していないということだ。認められるために僕らは「もっとこうした方がいい」という諭し方の延長に存在する「本来ならば強いはずの自分」という考えを導入する。周りから「こうした方がいい」と言われた数だけやらなければいけないことが増え、それができて初めて強い自分だと思えるようになるからだ。このコンセプトの難儀なところは、想像の産物だけに限度がないところだ。理想の自分は社会的な価値を数多く獲得できたはずの存在であり、いわば男社会の強者の資質である「男性性」を可能な限り身につけている人物である。

強者でありえたはずが、実際の自分はそうではない。それがある種の男性にとっては、現実から拒否を突き付けられた挫折として感じられてしまう。この極端な解釈は暴力を誘発する原因になるだろう。

加害者の大半が男性だというドメスティックバイオレンスは、こうした社会から受けとる否定の感覚によってもたらされるのではないだろうか。パートナーの発言に「自分を馬鹿にした」と感じて暴言を吐く、カッとなって殴るという行為に及ぶ。そういうケースは多い。ここで注意すべきは、加害者が言うところの、相手の口にした「余計な一言」が暴力を引き起こした直接の原因になったわけではないことだ。相手の言葉の意図とは関係なく、当人が「否定された」と個人的に、つまりは本人の思い込みによる余計で過剰な解釈を施したところが暴力の出所だ。

彼らは極めて優劣に敏感だ。常に支配する側でない限りは弱い自分であるほかないという偏った考えに陥っているせいか、自身の無力さを反証するために暴力を振るう。

「言うことを聞かないおまえはダメだ」と僕らが自身に唱えてきた言葉がついには他者に向けて暴力として発露されるようになってしまった。このようなメカニズムがいつ形成されたのかといえば、周囲の人たちの習慣としている考えを何の気なしに耳にした際、そこに「言うことを聞かない限り受け入れられない」というメッセージを読み取ってしまい、気づかないうちに深いところで影響を受けてしまったことはありえるだろう。

ドメスティックバイオレンスを振るう男に多いのは、パートナーに見せる顔とは違って職場ではおとなしく、人当たりがよく、粗暴さと無縁に見えたりするタイプだという。実情が知られると周囲は驚くが、意外ではないはずだ。なぜなら彼らは男社会において重視される弱さの克服という「社会的な価値」に従順だからだ。内心はそうはなれずに怒りに満ちていたとしても。「言うことを聞かない限り受け入れられない」という諦観が世間体のよさを偽装させている。

暴力を振るう男たちは、世間に向けてのおとなしい振る舞いを何と引き換えにして手に入れているのだろうか。おそらくは「強くなければならない」という社会的な価値観が強いる支配秩序への違和を感じることとの放棄によってではないか。

「強くなければならない」というまとわりつく強迫的な考えは、そうしたいかどうかを問うこともなく、強いものや権力に従うことを自身や他人に命じてきた。だが、要求される概念に沿って自分を萎縮させていこうとしても、生身の身体はその通りにはいかない。とりわけ他者の身体は、自分の想定の範囲をいつも超えている。そのため徹底した暴力によって反論を封じ、屈服させようとする。だが暴力では、ついには支配することはできないことも知っているはずだ。

「ありえたかもしれない」理想の存在として他者と関係を結ぼうとしても、うまくいかない。だが、そのとき彼にとって正されるべきは現実の方で、彼の理想を受け入れないものは矯正されて然るべきなのだ。

強くあるべきだという信念を持つ男は、現実は想像と違って当たり前だという感覚的な把握に耳を傾けることを自らに禁じている。感じること自体が男にとって危険なのは、社会的に構築された「男性性」と自身の隔たりが明らかになる瞬間に出会ってしまうからだ。現にこうして存在する、強くもなく、偉くもなく、特別さのない理想とほど遠い「男」を断じて認めるわけにはいかないのだ。

## DV男の心理

耐えがたい暴力を受けながら、それでも被害者が加害者との関係を続けることを不思議に思う人もいるかもしれない。以前、僕はドメスティックバイオレンスやアルコール依存症に造詣の深い、臨床心理士である信田さよ子さんに話を伺ったことがある。そこで知ったのは、被害者は抵抗しても無駄だという無力感を味わい続け、支配と被支配の関係以外に身の置きどころがないと信じ込まされ、また自らも信じてしまうメカニズムがあることだった。

暴力を振るう男たちの典型行為として、殴った後に泣いて謝り、「もう二度としない」と誓い、許しを乞うという態度がある。被害者によっては「今度こそはまともになってくれるかもしれない」と改心の可能性を感じてしまい、関係を断つ決心がぶれてしまうこともあるようだ。

泣いて後悔する男の弱々しさ、無力さを目の当たりにすると、猛り狂った姿との隔たりの激しさに驚く。男が大仰に悔みもすれば、真実をさらけ出した姿だと思うかもしれない。赤裸々な感情を吐露するいまのこの彼とであれば、新しい関係を作り出せるかもしれない。情にほだされて、そう思っても仕方ない。

だが、ほだされるとは「絡まれる」という意味であり、それは相手の抱える葛藤に敢えて巻き込まれることにほかならない。殴っては悔いて泣き、許しを乞う。葛藤とはそうした繰り返される物語を放棄しようという試みとそれへの執着との間で起き、結局は物語を捨てはしないところに眼目がある。彼にとって「葛藤を捨てずに殴る」というストーリーは手放せないものなのだ。

ほだされた相手が手を握ったとしても、それは共に手を携えて新しい関係性を構築するためではなく、殴るために捕らえたにすぎない。男にとっての懺悔（ざんげ）は、そこまで見越した筋書きを含んでのことではないかと思う。殴る相手を逃すわけにはいかないからだ。毎度「二度としない」と殊勝に許しを求めるのは改心ではなく、この関係性を維持するための戦略だ。

男が号泣するのも相手に与える効果としては劇的だろう。普段とのギャップのあまり、ついそこに目がいくかもしれないが、果たしてその涙は誰のために流されているのだろうか。本質的には被害者のためではないだろう。泣くことは加害者にとっての感情の解放になっているからだ。このカタルシスは、普段は到底受け入れられない己の無力さを示すことで生じるはずだ。感情と感覚が極まった瞬間に弱さを認めるからこそ得られる快感、自己憐憫だ。それは禁忌を犯す時に訪れるのだから、改心して弱く無力な自分を肯定するありようが普通になってしまっては、せっかくの快楽が得られなくなる。あくまで殴ることを悔いるというパターンが必要なのだ。だから暴力を振るわない選択は決してとらない。

彼の抱える葛藤とは何だろうか。人それぞれ違うのは間違いないが、殴っては後悔して泣くことが典型的に行われているとすれば、個別の事情に共通する一貫性があると言えるだろう。それを考える上で、加害者の男たちが「愛するから殴る」と口にすることに留意したい。自分の愛を受け入れないおまえが悪い。それを正すために殴る。愛しているからこその行為だというわけだ。この論理の正しさは当人にしか通用しない。なぜなら愛していれば殴らないはずだからだ。詭弁（きべん）を可能にするために持ち出されるのが暴力で、これの行使を正当化させるのは男の揺るぎない被害者意識だ。

殴る男は自身がパートナーとの関係性において被害者だと錯覚している。たとえば、「疲れて帰ってきたのに、あいつは何ひとつ家庭のことをしないどころか文句を言う」といった発言に見られる態度だ。生活を共にしていくためには細々とした決まり事の確認や伝達すべきことがあるだろう。だが、自分が稼いで食わせてやっているだとか、いまだに家長として振る舞おうとする男には、共同生活を営む上でのパートナーの忠告、助言、提案が攻撃に感じられる。だから「わかってる。何度も言うな」と「やむを得ず」大きな声を出したり、むしゃくしゃして壁を殴ったり、ものを投げたり、相手を殴ったりする。「あいつの態度が俺を怒らせる」というわけだ。パートナーとの間で感情的な言葉の応酬はあったかもしれないが、それに暴力で応えるのは卑劣な態度であるのは間違いない。

それにしても加害者に男性が多いという事実は、愚劣な態度をとる必然性が、男がこれまで鍛え上げてきた男性性と深く関わっていることを示してはいないだろうか。そうであれば、男性性のどういう側面が愚かさをもたらしているか、について考えなければならないだろう。

映画やドラマでもマッチョな男は何事にせよ腕力に訴えたがる人物として描かれがちだが、幾分の誇張はあるにしても、周囲にいる男たちを想像すると実像とそう遠くないのではないか。彼らが力を誇示するのは、それが強さの表明であると思っているのは間違いない。逞しさを誇りはしても、その強さが実力不足でしかないのは、自身の思い通りにならない状況やコントロールできない関係性に対して、言葉を用いればいいものを暴力で片付けようとするからだ。癇癪(かんしゃく)を起こして怒る幼児のように振る舞うのは、その後のことは「他の人がなんとかしてくれる」という甘えがあってこそ成り立つだろう。彼らの強さは成熟の拒否と歩調を合わせている。相手の気持ちや相手が置かれている環境を粘り強く考える力がない。人間としての度量や強さと無縁な、その短絡さが愚かしさの原因と言える。簡略して述べればそうなるだろう。

だが、この説明ではやはり、暴力がなぜ必要なのか？　には足りない。傷ついたと感じ、その気持ちが言葉でうまく説明できないとき、鬱屈した感情が身の内に高まる感覚がある。そこまではわかる。だからこそ、その内圧の高まりを「うまく説明できないが、とても不愉快だ」と怒りをあらわにしつつ、「言葉でちゃんと伝えることができない」こと自体を言葉にして届けることができるはずだ。

いつも冷静に言えるとは限らない。衝動に任せて言葉が放たれ、その勢いは相手に威圧を感じさせるかもしれない。だが、それでも言葉でのコミュニケーションに留まり続けている。そのとき、自分は理解されていない、攻撃を受けているという被害者のポジションに立ち続けることはできない。なぜなら対立関係を挟んで対話という交流が起きるからだ。あなたは自身を被害者だと感じているかもしれないが相手からしたらあなたの態度が加害に見える。加害と被害の立場は入れ替わり続ける。

先ほど「殴る男は自身が被害者だと錯覚している」と述べた。一方的にこの認識を持ち続けられる立場にいられるとしたら、その男の備える男性性の視座から見える風景はどういうものだろうか。

彼は確かに自分が被害を受けていると感じている。だから自身の行いに関して「どうしてそういうことをするのか」というパートナーから発せられた、ただの疑問が彼には非難にとどまらず否定にしか受け取れない。しかも人格まで否定されたという感覚に襲われる。やはり、ここにも「できないこと」を「弱さ」と結びつけ、その評価を断固として拒絶したい様子が見られる。拒絶したいとしても、なぜそれが暴力になるのか。

彼は自身の「気持ち」が傷つけられたと感じている。とてもひどいことをされたと思っている。損なわれた気持ちはそのときに感じてしまったことやそこから生じた感情なので、作為のない純粋でリアルな自分が現れていると本人も思ってしまう。確かに「なぜそんなことをするのか?」と言われて「傷ついた」と当人が感じたとして、それは偽りではない。だが本当でもない。なぜならそれを「傷ついた」と捉えたのは、あくまでその人の解釈だからだ。というのも仮に同じ発言を聞いてもなんとも思わない人もいるだろう。つまりリアルに感じている気持ちというのは十分に編集されているものなのだ。これまで重ねてきた経験で得た解釈が編集の方針を決めている。それが何かの現象に対して「傷つく」と解釈するリアクションを毎回起こさせる。

暴力を振るった男は反省にあたって、激情に駆られ殴ったというだろう。自分では制御できない感覚に襲われ、衝動的であることを強調する。冷静さを失わせるトリガーがあるのは確かだが、毎度同じパターンが繰り返されるとしたら、それほどまでに入念に準備された「激情」は果たして「衝動的」と言えるだろうか。男性の文化においては、感じるとは弱さにつながる危険な行為であり、感情を味わうことを禁止し、それによって強さを得ようとした、といったことを述べてきた。

この文化の弱みは「感じていること」と「感じている自分」を混同してしまうところにあ

る。傷ついたと感じることは嘘ではないが、それが自分だと思わせるメカニズムがあるのだ。たとえば、「私の感じでは○○だと思う」といった表現をする。決して「私が感じでは――」とは言わない。「私の――」という所有格で語られていることに目を向けて欲しい。この日本語の表記は、ある感覚が生じたとして、それは「私の外部にあるもの」と示している。つまり感覚は他者だといっている。そうでありながら、それを捉える自分にとって「感じられたこと」は自身にほかならないと感じられてしまう。それが被害者意識を募らせる解釈をもたらす。男性の文化において十分に感じることを蔑(ないがし)ろにしてしまったためなのか。感覚の彩度が低調であるがゆえに、こうした混同が起きてしまうのだろうか。

だが、自分の行いが否定されたからといって、ただちに自分の人格の否定ではない。そこを結びつけるとしたら、そうまでして自己否定をしなくてはならない意図があるということになる。その頑なまでに否定に向かう抑圧は、暴力と呼んで差し支えないのではないか。この内在する暴力性を僕たちは克己心という名で糊塗(こと)してきたのかもしれない。

# 切断の恐怖と悲しみと痛み

## 父の抑圧

ある日、父は兄と僕を近くの川へ連れて行った。主な目的は兄に対する説教だった。四歳上の兄は親の言いつけを全く守らず、時間にルーズで部屋の片付けもせず、学校の成績もよくない。川べりに腰かけるやいなや、父は「なんでおまえはいつもそうなんや。じきに中学生だろう」と口火を切った。家だろうが外だろうが、頭ごなしに言うことが親子の会話だと思っている。いつものパターンの始まりだ。

僕が叱られているわけではない。同道した手前、この長く続きそうな説教を聞いていた方がいいのだろうかと兄の横に座っていたものの、途中で飽きてしまった。次第に熱を帯びる調子の父を尻目に河原に降りると石伝いに対岸へ渡り、岩をひっくり返して流れをせき止めたりして遊び始めた。

どれくらい経ったのかわからない。そうやって夢中になって遊んでいたら、目の前を流れる川の水が突如跳ねた。おやと思い、顔を上げると父がこちらに向けて石礫(いしつぶて)を投げている。それは「もう帰るぞ」という合図で投げてきたというよりは、僕の振る舞いそのものが気に入らず、当たっても構わないと思って投げている。憤怒の顔つきからそうとしか見えなかった。

慌てて川を渡り、元いた場所に戻ると「いつまで遊んでいるんや」と父は声を荒らげた。側にいた兄をちらりと見た。記憶の中の兄の顔には濃い影が差し掛かっていて、表情は捉えられない。

石は当たってはいないが、胸のあたりが痛んで仕方なかった。けれどもなぜ石を投げたのか？ と父に聞くことができなかった。怒りを浴びせられ続けた兄は僕と同様に押し黙ったままだった。父の示す守るべき規範からはみ出た場合、あっさり切り捨てられるという予感をふたり揃って逞しくしたのだ。家族と暮らすことに安らぎなど存在しなかった。求める気持ちも薄かったように思う。兄弟にとっては、ここでいかに生き延びるかが重要な課題だった。

僕は長らく他人に向けて怒ることができなかった。身の内に怒りが生じても、それを覚えた分だけ感情の発露を止める力が働いた。怒ることに対してタブーに近い感覚があったのは、怒りは「切り捨てられるかもしれない」といった、かつて味わった恐れの感覚をもたらすからだ。

怒りは果断さであり、力の象徴であった。父は渾身の怒りを噴出させる人であったため、僕にとって怒りとそれが伴う威圧する力は、男性性の証にほかならなかった。怒りに絶えずくじかれているという被害者の意識があったためだろう。自分が同じような力を持つことへの嫌悪と恐怖が募っていった。そのため他人に対して怒りを募らせたとしても、それを表現する際に恐怖が湧いてしまう。こちらが相手を見限って構わないようなときでも、なぜか自分が「見放されてしまう」という寄るべなさ、無力さを味わう羽目に陥る。

肉親の怒りを通じて、僕は男性性の断片を学んできた。男はどのようにして男性であることを学んできたかについて、自らの経験から考えると、僕と同様に生育環境で受ける親の影響は外せないだろうと思う。

もちろん、全ての人に親がいるわけではないし、両親が異性同士のカップルであるわけでもない。ただ、いまのところ一般的に男性が最初に出会う同性は父親であり、異性は母親ではあるだろう。

また影響といっても、その表れ方は様々だ。仮に親がマッチョで抑圧的な考えの持ち主であったとしても、子供が同じ価値観を育むとは限らない。父親の考えを受け入れがたく感じ、ことごとく対立するリベラルな価値観を子供が自ら培ってきたとする。それは親の影響を全く受けなかったと見えるかもしれないが、そうとも言えない。親の示した価値観ときっかり反対の立場に立つということは、ある意味で親の言うことをきちんと守っているからだ。

兄は親の守らせたい規範からことごとく逸脱していた。それは悪いことであり、正されるべきだと考えていたから折に触れて父は兄を叱った。「なぜおまえはそうなんだ」と、自分の考えに収まらない兄を頭から否定する。父は兄の振る舞いの根っこにあるのは、考えの足りなさ、反省のなさだと思っていた。

いまとなってはわかる。兄は親の言いつけを厳格に守っていたのだ。彼は父の否定する考え、生活態度を取り続けることによって、親の怒りを正当化していたのだ。「ねぇ、僕はちゃんとお父さんのいう通り悪い子だよ」と父親の価値観と世界観の正しさを立証していたのだ。自分の力で生きていけない無力な子供にできることは、親の評価にかなうべく努力することしかなかった。そうでないと生きてはいけないのだから。

だが、本意ではないことを行い続けることに対する兄の苛立ちや怒りは蓄積していったはずだ。それが時折、僕に向けられた。兄と喧嘩したことは数えるほどしかないが、家族内の男たちは会話というものをしなかっただけに、ときに生じる身体のぶつかり合いは激しいものになった。

ある日、些細なことで口論となり、揉み合ううちに兄は僕の肩の関節をきめた。もがいて逃げようとしたが、それを許すまいと兄は腕を限度を超えてねじ上げ、肩が外れた。脱臼し、ぶらんと下がる腕を見て、やや驚いた顔をしつつ、兄は弱気になるのを悟られまいとしたのか「外される方が悪いんや」といって立ち去った。

その数ヶ月後、再び喧嘩が起きた際、僕は肩を外されたという屈辱を忘れていなかったのだろう。喧嘩慣れしていない者特有の手加減のなさで、鍋の蓋を兄の顔面に向け容赦なく投げつけた。回転しながら飛ぶ鍋の蓋が兄のこめかみを掠めると、血が飛び散った。母は救急車を呼んだ。兄弟喧嘩は放っておくと凄惨なことになりかねなかった。このときの兄に対する怒りの発露だけは例外的で、恐怖を感じて抑制することもなく暴発してしまった。僕は悔やむ気持ちもありながら、どこか暴走した力のもたらす暗い高揚を感じていたのは間違いなかった。相手を支配下に置きたがる、父のような力の噴出。それを男性性とうっすらと捉えていたが、同様のことが自分にも確実にあった。

家族内の三人の男たちは、力に依存する、忌避するの違いはあっても、それを軸に自らを成り立たせていたのだと思う。三人に共通していたのは、自分の気持ちや感情を表した経験が乏しいことだ。気持ちや感情よりも優先すべきは「力」だった。父は折に触れてこう言った。

「金を稼ぐこと。教養を身につけること。喧嘩では必ず勝つこと。力なくして尊敬は得られないし、力なくしてこの日本社会を生き抜けない」

父がそのようにして力への信奉と意志を確立したのは、暮らしが到底成り立たない貧困と吹きさらしの差別で痛めつけられる経験をしたからだ。実力で自身の存在を確保する以外にこの世に身の置き所などない。彼にとっては生き残りを賭けた信念であった。

無力であること弱くあることは、それが家族であればなおのこと絶対に受け入れるわけにはいかなかったはずだ。なぜなら、それを認めてしまったら、かつての自分の非力で弱く、泣くことも助けを求めることも叶わなかった、寂しくてたまらない気持ちと向き合わざるを得なくなるからだ。二度と経験したくない惨めな思い。過去に捨て去ったはずの自分と再び顔を合わせては、無力感と虚しさを味わうことになる。父の中で幼少期に被った傷は癒えておらず、いまだにうずき続けているものなのだろう。兄と僕に「力を獲得せよ」と命じ続けたのは、彼の戦いがまだ終わっていないからであり、また自身が幼い頃のような無力な存在ではないことの証明でもあったのだ。

「力への信奉」が「男なのだからそうすべきである」とことさら言わずとも、「男であれば当然そうだ」という含意があることに気付いていた。なぜなら父の母への態度が家父長そのもので、「男は仕事、女は家庭」と性別役割を家庭内に敷いていたからだ。

母は明るく鷹揚（おうよう）なところのある人できれい好きではあったが、たとえば冷蔵庫の中には賞味期限を少々超えたものがあったりと、彼女としてはきっちり管理する必要を感じないところはそれほど注意を払ってはいなかった。それが父からすれば我慢ならない。家庭は女の領分としたにもかかわらず、なぜちゃんとしないのかと言い、母の裁量に任せることなく、勝手に冷蔵庫の食品を捨てたりとずいぶん支配的な態度を取っていた。妻も子供も彼の価値観のもとで管理されていないと不安が生じるようだった。

母は僕を産んだ直後に膠原病を患った。いまなお原因不明の不治の病だが、精神的ストレスが引き金になると言われている。結婚生活以外の理由が見当たらない。

## 力をどのように育ててきたのか

父の考えでは社会は男の領域であり、そこで遅れをとることは人として、つまり男としてあってはならないことであった。中学生時分のある日の出来事だ。登校する際、陸橋の下の交差点を渡るのだが、どうも誰かが自分を見ている気がしてならない。信号が変わる直前、ふと見上げると父が仁王立ちで僕を睥睨していた。なぜそこにいるのかわからなかった。その日、父が会社から帰ると、僕は呼び出された。家で父と話すときはいつも正座だ。そこで僕はこう言われた。「なぜおまえは信号が青に変わった途端、他に先んじて渡らなかった。そこにおまえの甘さが現れている」

力は常に勝つことに向けて発揮されているべきで、他を圧倒して初めておまえの存在意義がある。そういうことを懇々と説かれた。僕は説教されるときは父と一切目を合わさない。膝の上に置いた手に視線を注ぎ、一言も発しない。疑問を挟めば「口答えをするな」の一喝にしか出会わないとわかっている。黙っていればこの時間をやり過ごせると思っていた。

けれども、本当はやり過ごせはしなかったのだ。自分の中に虚しさが広がり、黙っているほどに自分が損なわれたからだ。無言が続くことで僕は自分の感情と感覚を削いでいったのだと後年になって気付いた。おそらく兄も父との間で交わされる言葉に虚しさを味わう学習を行っていたのだと思う。自分の感情と感覚の遮断に懸命になりすぎて、いつしか僕ら兄弟は互いに言葉を交わすことを本当にやめてしまった。

父が力を誇示すればするほど明らかになったのは、幼い頃の彼自身の未解決の問題が落とす影の濃さだった。彼が行っていたのは「自分の無力さを武器に自他の関係を操作する」ことに他ならなかった。家族というものが、親の抱く葛藤のストーリーに子供を巻き込む仕掛けでしか成り立たないのなら、何のために家族という形態を続けるのだろう。子供は親を選んで生まれたわけではなく、与えられた環境の中で生きるしかない。ある意味では子供は誰もがサバイバーなのかもしれない。

生き残るために強くなれ、力を得よ。それが男らしい生き方であると暗に父に言わせていたのは、彼の幼少期のトラウマであったのは間違いない。仮に、息子である僕がその教えを受け継いだとしたら、その価値観を育てたトラウマも継承することになるだろう。自分が体験していないはずの、人は弱者に無頓着であり、世の中は厳しいといった目で社会を見ることになったはずだ。しつけと言われるものの中身は実は、自分が負った傷を継がせることになっているのではないか。

父の力に対する信奉はマイノリティ、被差別者として育まれた男性性の一端ではあった。だが、それは同時代のマジョリティの男の心性と同調していたはずだ。貧困からの脱出と高度経済成長に足並みをそろえるべく、誰もが躍起になっていた時代だ。「やればできる」といった精神主義が幅をきかせていた。

それにしても、こういった同時代の「精神主義」に根を持つ男らしさのルーツはどこにあるのだろう。彼らの生育環境について思いを馳せると、否応なく浮かび上がるのは、親をはじめとした上の世代は戦争体験者だということだ。

多くの青壮年が戦場に赴いた。生き延びて復員した男たちの多くは銃器で人を撃ち、銃剣で刺殺した経験を持つ。生きることは殺すことで、また殺されることに怯え、飢えと病に苦しむ日々でもあった。出征しなかったものは国内において爆撃で殺され、二度の大量破壊兵器による殺傷を経験した。誰がいつ死ぬかはわからない。空襲されることはわかっていても、家屋を捨てて逃げることも許されなかった。運よく生き延びはした。偶然で拾った命に安堵(あんど)するまもなく、見渡せばあたりは焼け野原。戦災孤児は浮浪児として捨ておかれ、誰もが必死に生きるしかなく、助けは当てにできなかった。

焼け跡から自分の力で生活を立て直すしかない。そのハングリーさは新しい世の中への期待に向かってはいたものの、一皮剝けば前線と銃後を問わず戦争で味わった飢餓感と切迫感を引き継いだものではなかったろうか。そうであれば、親から子へと伝えられた男らしさは、戦争体験のトラウマを内包していたのは想像に難くない。

暴力を振るい、暴力に圧倒される。あっけなく死ぬものもいれば、無惨にのたうちまわって死ぬものもいた。傍で人が悲惨のうちに意味なく死んでいく。そんな光景を見続ければ、いつしか暴力に対して無感覚に陥る。戦争は終わっても体験してしまった感覚は消え去りはしない。

戦後のドラマやコミックは「頑固一徹」という非常に類型的な父親像を繰り返し描いた。感情表現が苦手。寡黙であったかと思うと激昂してすぐに殴る。怒鳴る。あれは不器用なのではなく、ＰＴＳＤ（心的外傷後ストレス障害）なのではないか。平和の訪れた時代であっても、息子たちはＰＴＳＤを起因とする暴力を帯同した振る舞いを男性性として受け取ってしまったのではないか。その男性性には戦争という癒えることのない、圧倒的な暴力の記憶が刻み付けられているのではなかったろうか。

# 軍隊式身体

ノンフィクションにせよ小説にせよ、戦前の男たちは苦しみを漏らすことを知らなかったような描写によく出会う。とりわけ軍隊を描いた作品ではそうだ。徴兵された多くの男は軍隊内で不条理な暴力を経験し、外に向けては生き恥をさらすことなく散華（さんげ）することが望ましいと、死に向けて追い立てられた。暴力に打ちのめされ、屈し、挙句は屍を野にさらすと神としての待遇を受けた。

軍隊では再三にわたり初年兵に対するリンチの禁止が通達されていたが、守られた例は皆無に等しかった。「新兵と畳は叩けば叩くほどよくなる」と言われた通り、古参兵は何かにつけて新兵を殴り、殴られたものはやがて入隊してきた新参を殴った。

戦闘においては、個人が独自に考え行動することは逸脱でありタブーである。私的制裁という加虐行為は、理不尽な暴力によって個人に宿る精神や意志というものを徹底して潰し、優秀な兵器としての兵卒を作り上げるために必要な手続きとして機能した。そのためいくら上層部が気まぐれに私的制裁の禁止を言い渡しても、兵員が不足する中では兵を練るにあたって殴るのが手っ取り早い。そんな組織内の力学が働いて禁じられることはなかった。短く見積もっても中国との戦争から数えて十五年にわたって男たちは互いに殴り殴られ続けて、

「敵」との戦いに明け暮れていた。

　個人の精神と意志を国家のそれに置き換える上で暴力がうってつけなのは確かだ。と同時にその暴力が男たちにもたらしながら、顕在化せず、トラウマという隠密の教えとして息子の世代に手渡したものは何だったろう。

　リンチではないが、僕が暴力を受けた体験と言えば教師から体罰を受けたことがあげられる。もちろん軍隊内での凄惨な暴力とは比べようもない。けれども学校は集団行動の徹底、行進による運動の統一、点呼など、戦後に至ってもなお軍隊と同様の制度を保っていた。そこで体罰という名の暴力が横行したのも象徴的な話ではないだろうか。ともあれ殴られたときに起こる反応という体験を通じて、かつて男たちの味わった感覚的経験とそれがもたらしたものを類推してみたい。

　教師は古参兵のように、なんであれ機会を待ち構えて殴りたがっていた。僕の場合は忘れ物をした際、「たるんでいる」と殴られた。教師は激昂した様子を見せながら、往復ビンタをやめなかった。他の生徒の前で殴られたということもあって痛みと恐怖のほか、恥、怒りと様々な感覚と感情が一度に押し寄せた。

　殴られるとありありと自分の身体があることを感じる。やがて気付くのは、相手の目がすっと細くなり、笑っているようにも見えたことだ。執拗に繰り返す平手打ちの、そのリズムに酔いしれているようでもある。たかが忘れ物をしたことと、このように殴られることは全く引き合わない。

理不尽に殴られる体験で知ったのは、なぜそのような暴力を受けなくてはならないのか？の疑問への答えが自分の中にまったく見当たらず、ただ一方的に殴られる身体という客体に自分が成り果てたような感覚に陥ることだ。痛みや恐怖はありありと自身の身体があることを訴えかける。それらが日常になりやがて受ける暴力の意味も考えなくなり、諦めて現状を受け入れた頃に訪れるのは、「自分の身体のなさ」ではないだろうか。麻痺したことによって身体性を失ったとも言えるが、と同時にある身体性を獲得したとも言える。

暴力が支配する集団の一員と認識されることでもたらされる個人の喪失。それと引き換えに僕らは同調性を得たはずだ。学級では理不尽に殴られる様子を他の生徒が看過することで共犯関係を結ぶことを強いられる。罪悪感を下地にした同調性は、クラス内でのいじめという形で暴力を連鎖させた。閉じた集団の中では同様の力学が発生しやすいのかもしれない。

ところで軍隊では何事も一斉に行われる。起床、点呼、食事、入浴。個人として過ごせる時間はほとんどなく、全体との同調が全てだ。軍隊の隠語に「地方」があり、これは一般社会という意味だ。男たちは一律に徴兵され、一般社会の各地からやって来た。農村なのか都市なのか。地方であっても出自、背景、階層は様々だ。

だが、軍隊では歩行に挙手、銃を扱う要領に至るまで「身体を操作する」という標準化の概念を通じて訓練が施された。支給された軍服、銃器、下着に至るまで統一されていた。また食事も貧寒な暮らしをしているものからしたら、初めて味わう洋食もあり、そういう意味では軍隊に入ることで初めて「近代」を経験したとも言えるだろう。

言葉も同じ地方であっても様々な訛りがあったから、互いが違いを持ち寄りながら、「同じ日本人」という同一性を殴る・殴られるという接触によって体験したとは言えないだろうか。殴られることは兵器になる過程であり、同時に近代と国民という概念を暴力による抑圧とともに身体化する道程でもあったろう。

殴られる恐怖と痛みの麻痺。感覚の鈍麻は克己として実感されていく。それは近代的な身体に変身していく通過儀礼でもあったはずだ。通過儀礼の後に身につけるべく用意されていたもの。それは近代が産んだ「精神」であった。キリスト教世界における精神は神との対話のための装置だが、日本においては精神は世俗化し、向かう先はわからないが「臣民として一生懸命に努める」といった「精神主義」に堕落してしまった。

だから、こういう筋書きが現実になってしまう。圧倒的な物量を前にしても敢闘(かんとう)と必勝の「精神」が敵を凌駕(りょうが)するはずで、超えられないとすれば、それは精神力が足りないからだ。こんな風に実情を無視しても、精神主義は決して敗北しなかった。なぜなら男たちの死は

「玉砕」であって、その精神が全うされる限りにおいて敗北が入り込む隙はなかったからだ。

国家が命じる異様なイデオロギーを前にしても、男たちはすっかり精神によって骨抜きにされていたので、教えられた掟から外れることを恐れ、ただどうしようもない状況に耐え、命令の通りに死ぬ以外に道はなかった。それが武士道の面目であり、男子の本懐であると教えられてもいた。時代も社会背景も異なる思想がつぎはぎで示され、自分の寸法と合わない考えを身につけなくてはいけなかった。

象徴的なのは、軍においては靴のサイズを潤沢に取り揃えるほどの余裕はなく、そこで「靴に足を合わせろ」と言われたことだ。よく知られた話ではあるが、精神力が現実の歪みを補正すると半ば本気で思っている人たちがいたし、そうした傾向はいまなお存在している。

高尚に聞こえる精神主義であっても、要は「やればできる」という以上の意味を持ちはしない。「やればできる。やれないのは忍耐が足りないからだ」とひたすら人の損耗（そんもう）で補おうとする。このかつて見知った、戦争を領導したイデオロギーは、戦後の経済活動においても脈々と保たれていた。高度経済成長期には組織に忠誠を誓い、滅私奉公で働く社員を「モーレツ社員」と呼んだ。八〇年代のバブル期において、栄養ドリンクのＣＭは「二十四時間戦えますか」と呼びかけた。まるで動員であった。過労死は今般の玉砕だ。全てが戦いのアナロジーであったことに男たちは気づいていたのだろうか。

娯楽であるはずのスポーツにおいても、かつての戦争と同じく、勝利を度外視した根性と忍耐の精神主義が幅をきかせた。炎天下に水を飲ませない、意味のない不合理なしごきに耐えさせる。かつての軍隊と同様に私的制裁が行われる。

## 「力感」は嘘をつく

しごきという名で疲労困憊を強いることから得られるものがあるとしたら、集中の向かう先を勝利に決して置かないことだ。男たちにひたすら要求されたのは「みんな」という同調圧力が発生する集団への没頭だった。そして根性と我慢の精神主義がもたらしたのは、割に合わない不合理な条件をグッと耐えた後に爆ぜるといった力の感覚である。この感覚には必ずといっていいほど鬱屈が伴っている。

鬱屈を晴らすための行動は力のストレートな表出にはならない。というのは我慢や忍耐ですっかり縮こまった気持ちと身体なのだ。いくら心身が解き放たれる瞬間が訪れようとしても、それを抑制する同調性が働いてしまう。もし本当に勝利を得たいのなら、誰かが脇目もふらずに突出しなくては状況が打開できないとする。しかし、普段から和の乱れをただされ、個人が目立つことをワガママだと戒められていたのだから、本番で急にのびのびと動けるようになるはずがない。「やればできる」という精神主義が僕らに与えたのは、命令に従順ではあっても、独自に判断できない怖気づいた身体であった。それでいてみんなと揃えない身体の持ち主を「出る杭」として打つ暴力の行使には遠慮がなかった。

精神主義の不思議さは、「できる」ことを重視しながらも、すでにできることに価値を置かないことだ。たとえば目の前のコップを取り上げるときに「持てるかどうか不安だ」などと思わないだろう。コップを手にすることを「力がある」とも思わない。抵抗感がないからだ。

物事が滞りなくできるときには引っ掛かりがない。僕らは力というものを抵抗感とともに味わうことだと思いがちだ。困難を乗り越えるだとか弱さに打ち勝つだとか。自分が弱くて無力だという初期設定を当然のように受け入れ、「強くなければならない」と自己否定から生じる葛藤を間に挟んだ上で発揮するものだとばかり思っている。ひょっとしたらそうした鬱屈を戦中のトラウマを抱えた世代は多く持っているのではないか。それだけ耐える以外にやり過ごせなかった、酷い経験が強いられたのだと思う。

ある世代のトラウマとそれを継承した世代の神話の礎(いしずえ)は力感にあるのではないか。力感は精神と意識にとってはリアリティがある。リアリティとは「現実っぽさ」であって、実際に起きていることと関係がない。力感とは「あえてやっている感じ」「がんばり」と訳せばわかりよくなるのは、身体にとってのリアルはまったくの力感がないところで生じているからだ。呼吸をするのにわざわざ息をしている感覚があるだろうか。

だが、精神の働きによって力を発揮しようとすると、たちまち概念化する。力の発揮は、ある考えを実行することに成り果てる。特に男たちが注入された精神は、暴力と恐怖によって自分というものにこだわることが無価値だと覚えさせた。その上で国家に忠節を尽くすという同一の目的に向かうことを標準にした。男たちはそのことでようやく集団の一員として認められはしても、自分の命をまっとうするという「自分ごと」としての人生からは切断されていった。

その痛みと悲しみを味わうことも叶わなかった。それは国家に奉仕する男児としてあるまじきことだからだ。解消されなかった暴力と恐怖と苦痛の葛藤に満ちた時間の堆積が次の世代に伝えたのは、決して晴れることのない鬱屈とその力感がもたらす束の間の快楽と自己嫌悪ではなかったたか。

「精神一到何事か成らざらん」と、やりたいかどうかはともかくやるべきだと言われたところで、本意でもないことがうまくできるわけもない。だが、できなければ無能だと罵られる。「他の人間はちゃんとできているのに、なぜおまえはできない」と罵られ、やがて自分には価値がないと自身が自分を手ひどく扱い始める。

暴力を振るうと相手は屈辱を覚え、膝を屈する。そのとき殴る側は支配の感覚に酔いしれる。と同時に自身が暴力に蝕まれる感覚も生じる。相手の怯えた目によって、自身の力の高揚を感じる反面、自分が人間としてではなく、災いをもたらすものとして見られていることに驚き、恥の感覚が訪れる。これと同様の体験が自分を否定的に扱うときに内面で生じているのではないか。暴力がもたらす陶酔と嫌悪の葛藤が生み出すエネルギーを男たちは力の発揮と間違って感覚していたのではないだろうか。錯誤ではあっても、そうした時代精神の作用で豊かさを目指した結果、幸か不幸か日本が経済大国となったのは間違いないだろう。

## 自己否定がもたらす力の感覚

僕が思春期の頃、日本の経済は絶好調だった。誰もが浮かれており、生きるとは何かを問うような姿勢はまるで必要ない時代だった。少なくとも僕にとっては、世の中は明るくはあっても、全てが軽薄で心からは楽しめなかった。

当時の僕の悩みは「則天去私」はいかにして可能か？　だった。いいものを作り、売れば人々は幸せになる。誰もが豊かな暮らしができるようになる。それが幸福だと思われていた。だが、ものを作る過程で様々な公害が起きていた。一九八〇年代に入り、環境汚染は国内では落ち着いたかに見えたが、単に海外に転出しただけだった。

エゴが、欲望が世界を歪める。それを正すために社会活動に乗り出すのもひとつの方法ではあったろうが、僕はまず物質的な豊かさを求めようとする自分の心を変えることから始めたいと思った。そこでひたすら自我を捨て去ることに関心を持った。大学で哲学を専攻したのも「則天去私」に迫るためだった。とは言え、ただ頭で考えているだけでは自分というものを捨て去ることはできないと直感的に理解していたので格闘技を始めた。最初はボクシングを二年、ついでキックボクシングに入門し十年続けた。

「則天去私」と格闘技がなぜ結びつくのか。

「随所に主となれば立処皆真なり」という禅の教えがある。「あらゆるところで自身が主体としてあるならば、己のいるところは全て真なのだ」ということだ。格闘技を始めたのは、この語の影響もあった。ルールがあるとは言え、身体的な痛みや恐怖を感じる中、それに囚われず、自分が設定した限界を越え出て自由に動けたとしたら、そのときはエゴから離脱できるのではないか。そんなことを夢想した。常に内省し、自分の心を探り、一挙手一投足にエゴの兆しを感じたらすかさず摘み取る。そうして「私」を捨て去れば死を恐れることなく、ただ生きることができるだろう。そんな大安心の境地に立てるのではないかと思った。

いくら観念の上で自分が万全でいられるように注意を払ったとしても、危機的な状況に陥り、死が間近に迫れば慌てふためくかもしれない。作り上げた頭の中の自分の理想から転げ落ちてしまうだろう。そのような不覚悟な態度は許せないものだった。

練習では息ができなくなって顔面蒼白になったり、内臓を打たれてリング上を苦悶でのたうち回った。そうして痛みに耐えれば、いつか苦痛と恐怖を乗り越える力がつき、去私に近づけるはずだった。なぜなら苦痛も恐怖も「自分が感じている」ことでしかなく、その幻影を超えれば感覚に囚われずに済むはずだから。

そんな思いが強過ぎたのか、いつしかエゴを離れる、去私になることを「感情を消す」ことだと誤解するようになっていた。外界の出来事に一喜一憂しない。心の水面に波紋を生じさせない。感じて心が揺れることは自我のなせる業だと思い始めていた。感じることなくして世界と交わる術はないにもかかわらず。いまにして思うと、これこそがマチズモの入り口で、そこに自分は立っていたのだと思う。そのようになってしまったのは最前も述べた生育環境も影響しているだろう。家庭内で感情を吐露したこともなければ、傷ついてサポートされた経験もない。自分の行いに家族から共感されたことが記憶にない。もともとが感じることから疎外されていた。

なけなしの感覚すら戒めたことで、努力の向かう先は「苦痛をいかになかったことにできるか」という路線に移った。そのとき、全く気づかなかったのは、感覚の拒絶は自分に暴力を振るうことを許可したも同然だったことだ。

自分への暴力の行使を許した途端、僕は精神と意識で自身の身体をコントロールし始めた。自分で自分を殴り、殴られる関係性に入ったわけだ。筋肉はついて腹筋は六つに割れ、贅肉が全くなくなった。体格の割にはパンチ力があると言われ、その気になっていた。けれども本当は自信がなかった。それどころか鍛えれば鍛えるほど余計に怖くなった。精神力が増すほどに恐怖心は増大したのは、おそらく力感はあくまで「それっぽい力強さ」であって、本当の強さをもたらさなかったからだ。

それに現状の体型を維持できなければエゴに負けたという考えが強迫的に湧いてきて、食べることへの罪悪感が芽生え始めた。食事を終えると、指を喉に突っ込み吐くということを繰り返した。そこまでして「自分と戦って勝つことがなぜ大事なのか？」という最も素朴で誰でも思いつくような疑問をどうして抱かなかったのか。思い返すだに不思議だ。

練習を重ねるごとに自分の身体でありながら、どんどん自分から離れていった。グローブをつけて練習する際、手首を補強するため拳にバンデージという包帯を巻くのだが、いつしか指が擦れてパックリ割れた傷が塞がらないようになった。手先が異様に冷えて血のめぐりも悪いことに気づかなかった。いつまで経っても治らない傷に業を煮やし、瞬間接着剤を買って来て、傷口を貼り合わせた。おかしいとも感じなかった。ものとして自分の身体を扱っており、そうして生身の感覚から遠ざかるほど、自分は自我から解放されたと思い込んでいたのだ。

則天去私とは目指すべきゴールでも結果でもなく、「私を去れば天に則っている」、つまり「そうであるならば、そういう状態である」という関係性を表しているに過ぎない。だが、僕は最終地点のような境地として考え、おまけに探求はかつての軍において男たちが受けていた仕打ちと変わらないものだった。

「痛いって顔をするな。前へ出ろ」「ほら、気合入れろ」とコーチや練習仲間から常に叱咤(しった)された。身体と精神のギャップが激しくなれば、当然ながら不安は増す。その不安から目を逸らすために依存するのが力の概念と感覚だ。

根性や気合で発揮できる力は粘着性がある。苦痛や恐怖を乗り越えたいけれど、乗り越えられないという葛藤があるからだ。そこに絡まりながら表現された力は、「これだけ苦しい思いをしたのだから」といった言い訳やしがらみを通過した上でのものなので、爽やかさや通りの良さがない。相手を攻撃するときも僕は自分本位ではなく、「倒れて欲しい」という期待を持っていた。それは根本的に自信がないのと、その欠落を共有している相手への依存があったからだろう。力感を間に挟んで僕らは奇妙な依存関係を作り出していた。

自信のなさに拍車をかけたのが罵倒まではいかないが、コーチの指導だ。その言動に「畜生」と怒りがこみ上げる。要求されている忍耐のレベルが理不尽であればあるほど、叱咤の効能は高かった。怒りがパワーを生むからだ。さらに鬱屈した力の感覚が増し、それが僕らにもたらすのは、いよいよ自らを傍若無人に扱っても構わないという心境だ。それは自身の感覚をないがしろにし、不安を生み出す。

暴力的に自分を取り扱うことで何も感じないようになる。そうすれば暴力の行使をいとわなくなる。その無感動な状態を「自我への執着がなくなった」と捉えたとしたら、誰かが吹聴する精神の言いなりになっているということであり、僕は誰かのエゴの一部として働くだけのものになっている。

支配され、他律的になったことを精神力というのであれば、そこでいう精神的な強さは個々の身体から始まっていないということだ。集団的な無意識と呼ぶべきものに寄りかかり、自分が自分の命を全うしていない。そのようなことが「随所に主となれば立処皆真なり」と言えるわけもない。

現状の自分をいかに無視するかが精神的強さの証になる。精神を尊ぶものたちは、不安を感じる心を弱いとし、不安を乗り越えさせようとする。だが決して不安と向き合わない。

力を信奉する男たちは僕らに不安を克服させようとする。「やればできる」「自分の限界を超えろ」と言い続ける。けれども彼らには不安はなくてはならないものでもあった。なぜなら不安を通じて、他人を支配することが可能だからだ。「おまえが弱いのは〇〇だからだ」と理由はある意味なんでもよかった。そうして不安を前提にした力の発揮の仕方を僕らは精神と共に学んでいった。

精神の言いなりになって、自分に物事の実行を命じる。それは自身に責任を負わない感覚を促進していくだろう。自分ではなく、精神のせいにできると、「誤解を招いたのなら申し訳ない」といったように、自身の行いと感覚を分離することに躊躇いがなくなる。「なぜそれをしないといけないのか」と問うことも必要ない。なぜなら目的もわからないままであっても何かを行ってさえいたらいいからだ。そうしたところで何の問題もないと思っていたとしても、不安にならないわけがない。不安は「自分がない」という虚しさに忍び込む。ただ自分が自分である、その感覚とつながらない力がどれだけ発揮されようと、それは不安をベースにした恐怖の克服という実現しない目的に向かい続けるだけだ。

## 同調性と共感

男は男である限り、感情を表に出すこともなく、ただ「自分がない」という不安な状態で生きてきたのだろうか。その不安を紛らわすためにホモソーシャルを結成したのだろうか。

確かにホモソーシャルという男同士の結びつきは、女性や同性愛者への排他的な姿勢を基礎にしている。けれども同性愛に関して言えば、近世までは衆道は認められていたことだし、念友と呼ばれる結びつきは生死を共にするほどの強い結束を生んだ。また村落においては、若衆宿で性の手ほどきをしたのは年長の女性だけでなく、場合によって年上の男性だったと伝える例を耳にする。

薩摩の郷中という青少年の組織では衆道は盛んであったと聞く。海外に目を移せば、たとえばメラネシアやパプアニューギニアにおいては、少年が年長者とセックスする。もしくは精液を飲むという通過儀礼もあったという。これらは衆道のような恋情ではなく、強いられたものであったかもしれないので、薩摩の衆道を南洋の文化の影響と捉える向きもあるが、早計にすぎるとは思う。ただし、男が男性性を獲得していく上でセックスが介在したことについては何か共通点があるのではないか。

男と男の関係性の濃さが必然的に女性を必要とせず、男女の住み分けをもたらし、それが結果として女性を排他的に扱うことになったのかもしれない。最初は積極的に差別したというよりは、男性同士の密な関係が男たちの自閉性を招いたという方が適切かもしれない。

もちろん、いつの時代も誰もが常識と思っていることに馴染めず、常識や慣例に不当さを感じた女性もいたことは間違いない。だから自閉した男同士の集まりがパワーを持って、女たちと接する境で軋轢を生じてしまい、それが差別的な関係を強いると感じた人もいるだろう。自閉的なあり方について、多くの人が「そういうものだ」と気にしなかっただけで、やはり差別はあったのだろうと思いはする。でも、同時にそれをあくまで男女の住み分けだと見なす感性があったとすれば、何がその感じ方をもたらしたのだろう。

そこで想像してみる。かつて男性というものは互いの肌が擦り合うような性愛を含む親密さを必要とし、閉じた空間で生まれる同調性の中でしか自分たちの力の発揮どころを知らなかったのではないか。

突飛に聞こえるかもしれないが、1章において僕は仲のいい友達ができた際、彼らの身体接触の密さに驚いたというエピソードを書いた。身体接触を通じた戯れ合いの文化は男性性を育てることに欠かせないのではないだろうか。幼い頃を思い出すと、周りの男の子たちは相撲や腕相撲、プロレスごっこ、鬼ごっことか互いの身体に触れる機会を多く設けていた。それが男性の力と感覚の分離を防ぎ、安心をもたらすといった自覚を伴わない身体文化となったのではないかと思えてくる。

そのようなことを考えていると、アレハンドロ・ホドロフスキーの映画「ホドロフスキーのサイコマジック」を思い出した。ホドロフスキーが「サイコマジック」と呼ぶところのマッサージを伴うセラピーは、精神分析のように医師と患者といった関係性を言葉のレベルで捉えはしない。相手に触れ、その接触の中でトラウマからの解放を促していく。

映画では兄弟同士でいがみ合う男性、母の存在が自立を妨げたと思っている男性、母親から虐待され続けてきた女性、人生が徒労であったと述懐する女性などが登場する。

僕が興味を持ったのは、ホドロフスキーが男たちにマッサージをする際、彼らがくぐもった声をあげたり、素っ裸の身体をくねらせ、ネッキングのようであり、あるいは動物が戯れ合い、互いの急所を甘噛みするような、そんな姿をさらしていたからだ。触れること、それに感応することがセックスのアナロジーでもあり、しかしセックスそのものではなく、その触れられ方に男たちが歓喜の声をあげ、解放感に震える様子を見ると、僕が少年期に見た男の子同士の触れ合いの本質は、こうして接触する中で発生する身体の同調性にあるのではないかという気がした。

男たちは幼い頃に経験しておきながら、触れることとそれに伴って声が出てしまうことを途中でやめてしまったのだ。つまり感情や胸の内奥に秘めた、言葉にならないくぐもりの吐露が欠かせないものであったにもかかわらず、現行の男社会はそうしたセクシャルな手付きとそこで聞こえる自身の声を排除してしまった。男が触れられた繊細さに感じ入り、声をあげることはあってはならなかった。なぜなら繊細であることは弱さであるといつかの時点で思い込んでしまったからだ。繊細さは力そのものではない。だが様々に感じ取ることができることは強さであり、微細に感じ取ったものを注意深く発揮するときにそれは力として外部に表現される。

ホドロフスキーのセラピーが効果を上げるのは、それだけ高度に発達を遂げた文明社会が身体接触のもたらす微細な感覚をおざなりにしてきたからかもしれない。握手やハグ、キスはしても、それらは形骸化してしまっているのかもしれない。

そう思うのは、たとえば少数民族の儀礼と遊びないまぜの相撲みたいな身体接触のあり方を見ると、それは性愛の手ほどきの始まりであり、また男同士が生き物としての同調を促すような機会に見えるからだ。遊びとは言え、相手の急所に手が伸びたり、関節をとったりするわけだ。自覚のないままに互いが擬似的な死を招くに至る過程を接触の中で体験する。生から死へと異質な世界に誘う。これをエクスタシーに至る擬似体験というのは言い過ぎだろうか。男性同士のこの接触感の、性愛に転化するギリギリのところが互いの同調性を高める働きになっている気がしてならない。

男たちはかつて互いの身体に触れて、それが急所であればうめき声をあげた。それは苦悶であり歓喜でもあり、それによって生の臨界を知り、殺す感覚を擬似的に知った。互いに異なる身体を持つもの同士が触れ合う中で得られる生殺与奪の感覚があり、そこに力と呼べるものがあるとすれば、自分の感覚と一致したものでしかなかった。相手をねじ伏せる抵抗感は必要なかった。なぜなら自分の急所は相手の急所でもあり、自分の苦しみは相手の苦しみでもあることは一触で判然としたからだ。共感よりも前に無自覚に訪れる同調が、男たちの暗黙の了解を重視する文化を育む基礎となったのではないか。つまり男性という身体への理解がそのような文化を招来した。

無自覚であるがゆえに、やがて男たちの関係性のあり方が道徳として言語で表され、知的に理解できるような対象となった途端、男性性は身体を離れ、「沈黙を良しとする」といった精神の領域に移った。それがいくら高潔さを謳おうとも、堕落の始まりではなかったろうか。

「男とはかくあるべし」といった、身体ではなく概念に対して同調しようとするとき、それは思想になってしまっている。思想は現状の社会において力を持つ者を支えるための言葉となり、その言葉によって支配されることを諾うと、男は規定された男性性の群れから離れることを恐れるようになる。集団からの孤立を恐れるのは、本能に根ざした危機感ではあるだろう。ただ、その本能が社会に対して働くと、いともたやすく暴力が発生するのではないか。集団を維持し生存することが最も大事な目的になった途端、本能的であるが故にそれに逆らうものに対して過剰な抑圧が起きる。概念化された男らしさの強要により集団の結束を図っていこうという暴力が生じたのではないか。

## 概念に加工されやすい男の身体

改めてここで「男らしさ」は誰が身につけているのかについて考えておきたい。そんなことは尋ねるまでもなく、男性だろうと思う人もいるだろう。けれども性別として男であるからといって必然的に男らしさ、しかも暴力的な振る舞いを誰もがするわけではない。「女は黙っていればいい」とあからさまな差別発言をする人や「女性ならではの感性ですね」と褒めているつもりで、見下した発言をする人が身近にいれば、「同じ男と思われたくない」と感じる男性も多いだろう。同じ男とは言っても内実は様々だ。だが、各々の違いに関する言葉が圧倒的に足りない。人それぞれの気質の表現があり得るはずなのに、それが一律に「男とは――」「女とは――」といった、社会で決められた性別という区分による決め付けられ方をしている。

大抵の場合、僕らは妊娠中の検査なり、生まれた時点で確認された性器にしたがって、どちらかの性別に区分けされる。その上で、それらしい名前や衣服から始まり、男性性や女性性といった社会の概念に付き合わされる。この「付き合わされる」過程に対して、「なぜ女であるというだけで、おとなしくしないといけないのか」といった違和感を抱く人は、それなりにいるはずだ。
けれども、既存の社会が期待する性別役割があまりにも強固すぎて、社会性を踏まえた振る舞いをしようとすると、男も女も必然的にジェンダーバイアスを踏襲することになってしまう。

前の世代から問題であり続けた考えを受け継ぐことによって、一方では社会生活が安定する。たとえば婚姻制度だとか戸籍だとか。様々に問題はあっても、それを利用することのメリットはある。社会を独力で根本から変えることは難しい。それならば強いられた「らしさ」の不具合を日々手直しし、自分なりにカスタマイズしつつ、違和感をなだめて生活すればいい。全面的に肯定できないが、全てを否定もできない。どちらつかずを生きることは知恵でもあるだろう。しかし、それができるのは、社会的に分けられた性別というものが自然なものだという認識を受け入れている人に限った話かもしれない。

端から男らしさ、女らしさに付き合えない人たちもいる。たとえば見かけの性器では判断できない、性が未分化な「疾患」とされる人たちだ。生物として本来持っているはずの性機能が発達していないが故に病とされる。

過日、僕は戸籍上は女性だが、当人の性自認がどちらでもない、いわゆる「性分化疾患」と言われる人と知り合った。その「彼／彼女」のことをとても好きになった。そこで改めて思い出したのは、以前、男性の親友に対して恋情を抱いたときの心模様だった。

相手が男性であり、ペニスを持つという性の側の人間だとなった途端、異性を好きになってデートを重ねて告白して付き合うに至るだとか、これまで普通だと思っていた手順を踏んでいく行程は、まったく自然な感情の発露ではないのだと知った。すると過去の自分の行いがとても気になってきた。

女性に向けて「好きだ」という気持ちを表現することが、たとえ相手への配慮といった人間関係一般に必要な振る舞いをしているつもりでも、それが微妙に相手をリードすることになっていると気づいたとき、男らしさの文化の規範に従った、女性に向けて練られてきた技法を自分が行っていたとわかった。レストランに入る際にドアを開けるだとか椅子を引くだとか、車道側を歩くだとか。それらは恋愛感情の純粋な発現ではなく、「男女間の付き合いとはこういうものだ」といった、バイアスに従って表現されていた。さほど自分は男らしさがないと思っていたけれど、相手に自分の思う女性らしさを見出し、それに合わせて自分を演出することをいつしか学んでいたのだ。

そうして気づいたときから十年ほど経って出会った「彼／彼女」に対しては、本人が「性自認がわからない」という人でもあったので、こちらの好きだという感情は、以前に増して社会的に構築された男らしさや女らしさの文化的規範を表すことに注意深くさせた。

先述した親友の場合はプラトニックという昇華に至ったけれど、「彼／彼女」に対してはまた勝手が違った。性がないのではない。性があるとかないとかではなく、「自認がない」。その表現に出会い、気づかされたのは、異性愛者の男性がセックスを求めるとき、相手はヴァギナを持っているとごく自然に思っている。そういう予見が強固にあるのではないか？ということだった。少なくとも僕は女性であれば見かけも性器も同一性があるという見通しを無自覚に持っていた。

「彼／彼女」を好きになって、実はこれまでの自分は相手の性器に従って自身の感情や欲望を形成していたのだと思い知った。そんなことはないと思う異性愛者もいるだろうけれど、たとえば見た目は女性でもその人が仮にペニスを持っていたら、その人として尊重し、恋慕の気持ちは同じだろうか。変わらない人もいるだろう。しかしながら男か女かを単純に性器によって区分する見方をしている人は、失望したとかだまされたとか、なぜか被害者のような感情に陥る可能性は大いにあるのではないか。

「らしさ」とは特徴がよく出ているという意味だ。男と女という区分はそもそも自然なのか概念なのか。自然だといった場合、男と女という言葉があって初めて違いを理解できるのだとしたら、それは自然ではなく概念ということになる。自然な男も女も存在しないというわけだ。言語的に考えればそうなる。

だが、生命は概念以前の何かであるはずだ。言葉が人間を生んだのではなく、人間という生命現象が言葉を生んだ。この主客関係を忘れるわけにはいかない。男女の違いがあるということは、それぞれに「らしさ」という傾向がおそらくあるのだろう。けれども、その傾向を認識し、制度化した途端、僕らは「らしさ」の演技を文化と称し始める。

男と女の区分は太古からある。それに匹敵するくらい、その区分に入らない存在も文化ごとにあった。ヒジュラやアンドロギュヌスという第三の性に関する概念は、「らしさ」というものは男女の対の間で生じはしても、「そうでなければならないもの」と互いを実体的、本質的に規定するものではないと告げている。男女の区分の外から見ると、男らしさも女らしさも攪乱(かくらん)できるような何かである。男女の気質の傾向があったとして、それは常にそうであるものでもない。

概念化された性を生きることが男らしさでも女らしさでもない。概念になる前の男や女がどこにいるか。その存在を明示することはできない。「男である」「女である」という表現に見られるように「ある」ことから僕らは自身のあり方について考え、判断していく。しかし、現実の男女がそれらしい振る舞いをしているからといって、全ての男女のあり方を決めているわけではないはずだ。認識できないあり方があるのではないか。

性は男女に限らず、人間が生きていく上で不可欠なことであるのは間違いない。それなくしてはは生まれてこなかったからだ。そこから生まれてきたことはわかる。けれども、潜った門を振り返って確かめることはできない。僕らが知り得るのは生まれた後の姿であって、なぜ男性に、なぜ女性に、そしてなぜ未分化の性としてこの世に生まれたのか？　については問うことしかできない。わからなさしかない。わからないことがある。ないことがあることだけはわかる。

男性の性別を持って生まれた方が女性に比べて一般的に筋骨が逞しい傾向にある。比較の上で力が強いということは、絶対ではなく相対的に強いということであって、しかも他者評価という社会の概念の範囲での理解なくして確認できない。そういう類の強さだ。男性というものは「閉じた空間で生まれる同調性の中でしか自分たちの力の発揮どころを知らなかったのではないか」と先述した。

古代から神話や戯曲は、力を振るい、大いさを競い、いさおしを誇る男たちを描く。どれも戦いに伴う力の感覚の横溢(おういつ)、名誉、勇気といったものでおそらく動物にはないもの、人間であることに伴って作られた価値観であるだろう。ある共同体という閉じた集団がその価値を讃えるに至るには、そこに身体観がなければならない。

勇み立つ力も気宇(きう)も誉れも身体の振る舞いから生まれた。男たちは常に実感という「ある」ことが確認でき、「らしさ」という手応えがあり、評価される価値観といった社会的な概念、つまりは身体観を必要としたのではないか。男の身体は思っている以上に概念に加工されやすいあり方をしているのかもしれない。

# 4章

# 猥談とノリ

## 思春期男子の「エロ」

思春期を迎えたあたり、生理という語を耳にするようになった。本来であれば文字通り生きる上での道理であるはずなのに、男子の間ではいつしかニヤニヤ笑いを呼ぶものに変換されてしまった。

小学校の時分から知っているクラスの女子であっても、以前は男子と変わらぬ姿態に見えたのが、日に日に変わっていく様を見ると、そこに保健体育で習うところの第二次性徴の現れを認めた。生理という現象を知りもすると多少は知った仲だけに、その変化に戸惑いを感じたところはあった。

けれども、自分もまた精通を迎えて、性的な存在であるとにわかに意識するようになると、彼女をはじめとした女性に対する見方がこれまでとは違ったものになり、登校の際の挨拶でさえよそよそしさを含むようになる。

中学一年のクラスに同じ小学校に在籍していた男子がおり、彼は気になる女子にいたずらとかちょっかいというにはあまりにしつこいからかいをしていた。好意を持っているにもかかわらず、髪の毛を引っ張るだとか嫌がらせという形でしか表せないことをもうずいぶん前からやっていた。好意が嫌がらせになるのであれば、それはもう悪意でしかないのだが、必ずといっていいほどある種の男子は懸想(けそう)している相手の嫌がることをして気を引こうとする。見ているこちらもうっとうしく感じることをしていた。

中学になるとそのうとましい関わり方がさらに粘度を増し、「おまえ、今日生理なんか」とわざわざ衆目を集めるように言い、小さなポーチに何が入っているか執拗に尋ねた。性的なことに対してギョッとするような踏み込みをするようになっていった。

スカートめくりのときと同じだ。「もうやめてよ」と彼女は声を上げたが、それが怒りを打ち消すような笑いながらのことだったので、当時の僕はそれを抗議だと真剣に受け止めなかった。本当はその笑顔に見えたものは満面の笑みではなく、きっと引きつっていたはずなのに。

そもそも「やめて」というお願いなどする必要がなかったのだ。なぜ依頼されたらやめるという立ち位置に彼がいられると思えたのか。お願いされたところで、彼は決してやめはしなかったし、それどころかたまりかねて真剣に怒った彼女とその友人らに対して、ニヤニヤ顔で「冗談やんか」と返すのみだった。

それにしてもセックスに関しての異議にふざけた言動で応じるといった、対等の関係ではなくても構わないという態度を男たちはいつ、どうやって学んだのだろう。セックスということがあり、それが行為だというのはまだちゃんとわかっていなかったが、大人の世界の出来事だとなんとなく気づき始めたのは、僕の場合は小学校四年くらいだったと思う。セックスの手前には「エロ」というものがあり、それ越しにセックスがチラチラと垣間見えるといった様子であった。

当時は会社帰りの男たちがスポーツ新聞のエロ紙面を電車内で堂々と読む姿も普通に見られ、ざらざらとした紙の質感と卑猥さと場末感の漂うイラストを目にする機会もあった。またテレビではドラマやコントで乳房をあらわにした女性が登場するのも珍しくなかった。いまではありえないことなので、それを「おおらかな時代だった」という人もいるけれど、誰にとってのおおらかさであったのかは考えた方がよいはずだ。

ただ、そういう人たちがおおらかと言いたくなるようなエロに関する描写の傾向はあったかもしれない。好色や艶笑といった、どこかおかしみを含んでいて、それをテレビで見ると父親はニヤニヤと母親は僕に向き直って見るなというような顔をし、僕は照れてといった、むつごとの淫靡(いんび)さであるとか、凄みとは程遠いものとして扱ってもよいという感じを覚えさせはした。

とはいえ、真剣に向き合うのではなく、クスクス、ニヤニヤと正面から取り合わない。その取り合わないでいることが、なんとか家庭の茶の間に収まるエロとして成立させはしたけれど、それがかえって男子が何かにつけて話す猥談という形での、出所不明のセックス談を許す成り行きを作ってしまったのかと思う。体験のない者同士で交わされる笑いやからかいが、男性とは異なる身体を持つ相手とのセックスにおいては関心を高めながらも、彼女たちへの興味を失わせていく方に働きかけていたのではないかと思う。

つまり僕らはヴァギナや乳房について熱心に語りはしても、性的な他者である彼女たちと交わす言葉をどんどん貧しくさせていったのではないか。

「中二病」と呼ばれる、自意識のもつれは十四歳の一年で区切りがつくことがない。かつて罹患しながらも治癒したものが嘲りを交えて「病」というにしては、長く患っている大人がそれなりに多い。実際のところセクハラや性犯罪の横行を軽視する彼らの言動を見れば明らかだろう。

中二の男子が自らに許していた無知と無邪気さで育んだ仲間内のノリが社会でも披露できると思えたのは、仲間の範囲と男社会がピタリと重なると思えたからで、しかしいまや男社会は社会の全てでなく潰(つい)えるべきものとなっている。だが、その緊張感がまるでない男たちもいる。それは必ずしも世代で区切られるものではなく、綿々と心性を継いでいる男たちが一定数いる。彼らはどういう手続きでそれを継承しているのだろう。

セックスに関するノリを醸成した場所は、僕の経験から思うとひとつには教室があったが、流石にあからさまなことまでは語られることはなく、ヒソヒソと外聞をはばかるくらいの最低限のデリカシーはあったと思う。

だが、これが放課後の部室となるとガラリと雰囲気を変え、狭い空間で男たちが密集するとこうも猥雑になるものかとあけすけな話がされた。その下卑た笑いを含む、異性についての話は品定めに近く、またセックスについての興味は早く経験したい、思うままに性欲を充足させたいという飢えにあって、女性やセックスそのものへの関心ではなかった。僕だけが手を汚さずにいたわけではない。積極的に話に参加したわけではないけれど、内輪の話の成り行きを傍観していたのは、それに対する同意と変わりなかった。

機会さえあればセックスをしたいという欲望の持ち方は、思春期ならではの過剰さだけとは言えない側面があったと思う。というのは、当時、若い世代を牽引したのはまだ雑誌で、そこではいかに女の子との恋愛とセックスを成就させるかについての手練手管が熱心に語られていた。異性愛者に特化した企画が毎週、毎月のように掲載されており、「男子であればそういうものだ」という了解の仕方を僕らはメディアを通じて学習していた傾向も少なからずあるのではないか。

優しくいたわるとか、女性の身体の仕組みとか同意のないセックスはレイプなのだといった、異性との本質的なコミュニケーションとは何かを問うような誌面構成はなかった。バブル経済前夜でもあり、全てノリで済んでいた浮薄さがあったのは確かだ。

体育会系の男子だけが集う部室の雰囲気で交わされたような話が男性の異性観やセックス観の全てを決定したわけではないだろうが、それなりに影響しているのではないかと思うことがある。

たとえば、いまなおバラエティのトーク番組で芸人たちがセックスについて語ると、決まって「下ネタ」になり、披露される恋愛観は男尊女卑を滲ませたものになる傾向がある。それは瞬間的に言い切り、笑いを起こすという目的のために言葉が切り詰められるからそうなるのだとしたら、セックスや女性をそのように扱ってもいいという理解をし、またそれが受け入れられると踏んでいるからだろう。彼らの楽しげに話す様子を見ていると、部室で男たちが無邪気に、それでいてその内容は暴力的な扱いを女性に対して加えることを自覚なしに行っていた様子に重なって見えてくる。

加えてバラエティ番組で彼らが趣味や凝っていることについて話す際の、無邪気な「男子ノリ」は、明らかに女性を遠ざけたところで成り立つようなものだ。それが大人になっても「子供心を忘れていない」と評されるに至っては、この社会においては典型的な男になることは簡単でも、大人になることの困難さがいよいよ際立ってくる。

僕らはまず異性という存在、異性の身体、セックスについて学んでいないどころか、自身の身体や欲望のあり方、セックスそのものについて無知だった。精子と卵子の結合であるとか妊娠における身体の変化の話は聞いたが、セックスとは僕らにどういう意味があり、どのような体験をもたらし、それが暴力的でなく、互いに理解を深めるための交わりとすれば、どのように行うべきなのか。またリスクやケアについて一切学んでこなかった。

僕らが身につけたのは猥談とその真実味を証だててくれるポルノからの、あらかじめ射精に向けてひた走る技巧的な知識の断片であった。異性愛者の僕にしても、女性とはどういう存在なのか？　と改めて問うことなどほとんどなかった。ただイメージで思い描く像を相手にいかに当てはめるかが、その人を知ることとばかり思っており、投影と感情移入の違いが全くわかっていなかった。ほとんど何もわかっていないにもかかわらず、なぜ男たちは恋愛から結婚に至ることが当然だと思えたのだろう。

## 本能と妄想

僕の記憶では、ずいぶん長い間メディアでは男性の振る舞いに対して、本能という言葉が都合よく使われていて、それが性欲という欲望の輪郭をちゃんと感じるよりも、衝き動かされるままにするのを許すように働いていた。そんな印象を強く持つようになったのは、生まれ育った神戸で放映されていた関西ローカルの番組において、お笑い芸人や関西在住の文化人と言われる人たちの言動を目の当たりにしてきたからだ。

芸の精進に色事は欠かせないという考えを個人的に持つのはともかく、自らの破天荒ぶりを大っぴらに、ときに下世話に語る。その上で、性的奔放さが男の本能として仕方のないことだと体裁を整えつつ、芸人ひいては男の甲斐性でもあり、また本能に引っ張られてしまうのは業でもあるのだから致し方ない。だいたいこういった言葉で結んでいた。

女性をめぐっての話、というよりも自身の性欲の放埒(ほうらつ)が引き起こす騒動が手柄話のようにひとしきり語られた後は、男は愚かであり所詮は女性にかなわない。男を掌の上で転がす力量を持った女性が素晴らしいといったパターンに至る話を何度目にしたことだろうか。

こうしたある種の男に関する傾向がメディアで繰り返し流布されたからといって、そのまま受け取って、なるほどそうかと影響を受けたというほどナイーブではなかった。むしろ芸人や文化人の口ぶりがあてにしていたのは僕らがすでに備えていた常識の方で、彼らの放縦さも一般の視聴者の共感を得られる範囲に過ぎなかった。ということは、芸人らと一般の男たちは価値観を共有しており、決して彼らは社会から外れていたわけではない。

男は、男社会の定めた掟によく馴らされており、そういう意味では男は極めて社会化されたあり方をしているはずなのだが、そうでありながら社会性と抵触しがちの本能が何かと持ち出されたのはなぜなのだろう。

本能とは本来の能力を意味し、性欲もそのひとつだ。幼いときから身の内にありながら、それが本格的に姿を現すのは第二次性徴からになるだろう。男性の場合、ペニスが生殖に向けた機能を十分に発揮する。その能力が勃然とし始めるのだが、自分でも不思議なくらい、その能力そのものについて検討してみたことはなかった。それよりも、いかに能力を発揮するか。つまりはどのようにすればセックスは可能なのか？　に思考が流されていってしまった。身体も激しく変化する時期であれば、身の内にたぎる感覚が増すのは自然なことではあると思うし、それが落ち着かない気分を招くこともあるだろう。

けれども、そうした内側で起きる感覚がすぐさま扇情的なグラビアであったり、ポルノに登場する女性たちの裸体に向かいがちだったのはなぜなのか。もちろんセックスに関心があったのは否定できない。

だが、ポルノで描かれているのはセックスではない。男に快楽をもたらすセックスを表象した概念上の行為に過ぎない。それにもかかわらず、なぜそうまでして耽溺（たんでき）するのかと考えると不思議に思えてくる。

映像の中では、男女が実際にまぐわう様が撮られているのに、どうして「概念上の行為」になるのかといえば、ポルノが映すのはあくまで男性の妄想だからだ。そこに身体を伴う女性は登場しない。描かれているのは女性ではなく、男が望む女性の身体性というイメージだ。

それを演じるのが俳優ということになる。自慰とはよく言ったもので、ポルノはあくまで自己言及のメディアだ。

ポルノを作る側も観る側も、いまなお男性が圧倒的に多い。マジョリティがマジョリティ向けに作る映像においては、セックスという身体感覚を伴う行為についての探究は要点ではない。あくまで映像に興奮するといった、視覚とペニスの間を行き来する快楽の追求が重要になる。そして快楽は再現性を、より強い刺激を求める。ポルノが過激になっていくのは体感ではなく、知的刺激による快感を求めるところに理由があるのかもしれない。それは男にとって都合の良いストーリーを繰り返すことが可能な、現実にはありえない仮想現実を求めることだといってもいいのではないかと思う。そうなると、これは別にポルノに限った話ではなく、男たちは常にそれを求めていたのではなかったかと思い至る。

つまり、「そうであって欲しい、自分の望む女性」を求めはしても、目の前にいる、そうでしかありえない姿形をした人を予見なく感じ、コミュニケーションをとり、その人が何者であるかを体感していく。こうした現実を把握していくプロセスに男は関心がないのではないか。

だから、たとえば平気で彼女の意向を尋ねることなしに「結婚したら女性が姓を変えるのが当然」と素朴に思える。ワンオペで育児するのも当たり前なのは、自分は稼いでいるのだし、それぞれの持ち分でがんばればいいとしか思えないからだ。

料理が苦手であれば、単なる事実でしかないのだが、それを「家庭的ではない」と言い放つとしたら、自分がこれまで経験してきた「家庭」が全てであり、それ以外は存在していないかのような排他的な考えを披露していることになる。その鈍感さに当人は気づかない。自分の意思をはっきりと示す人を見ると「可愛げがない」と毒づく。自分が意思を示せないでいて、そうした自分の弱さを省みることなく、言いなりにならない相手が悪いのだと責める。疲れたときは優しく笑顔で励ましてくれるものと思えるのは、いつも一方的に理解されることが当たり前だと思っているからだ。

ゴミを出すことはできる。でも、あとどれくらいでゴミ袋がなくなるか。可燃と資源用のゴミ袋双方の数を把握しているわけではなく、生活を維持していく上での細々とした家事には関わらない。「妻にはいつも輝いていて欲しい」などと無邪気に言えるのはなぜなのか。生活全般に気を配っていれば、身なりだのにかまっていられないし、輝くとかそんな抽象的なことはどうでも良いと思ってしまっても不思議はないだろう。

彼女たちの置かれている現実は、男たちの目には映っていない。だから家事に協力したり、言動に理解を示すことはあっても、同じ現実に参加することはほとんどない。その反面、彼女たちにぜひ実現して欲しい妄想は数限りなくある。そうした想定の外に彼女たちは本当は存在しているのだが、そのことに気づけないのは、男たちが社会と呼ぶ範囲があまりに狭く、生きていくことにまで視野が及んでいないからではないか。したがって彼女たちから見ると、男たちがやたらとこだわっている強さは、まるで暮らしの役に立たない、実用性の低い、強度のないものに映っている可能性は高いのではないだろうか。

たとえば先述した姓ひとつとってもそうだ。「どうして私が名前を変えなくてはいけないのか」と率直に尋ね返されたら、「男が名前を変えることは常識ではない」と怒ってみたり、考えてもみなかったから慌てふためいたり、「名前を変えたくないのは僕のことを愛していないからか」とどれもこれも仮想現実に依拠した見解から一歩も出てこないで済まそうとする。

社会の制度や常識はともかく、目の前にいる他者である彼女が「あなたとしての意見」を聞いているにもかかわらず、概念を持ち出してくるとしたら、生きる上での強度、覚悟にまるで足りていないだろう。そうなると男たちの言う本能は、男社会に適応した、都合のいい欲望の発揮の仕方を言うのであって、本来性という意味での人間の能力とは全く関係ないのではないか。

女性は第二次性徴以降は、特に性的な対象として露骨に見られ始め、その視線のもとに自身の行動を抑制することを学んでいく。期待される女性像に沿おうと努力してみるのは、そうでないと軋轢が増えるからだ。露出の多い服装は男を刺激すると言われたら、自分が着たい服からではなく、性的対象として捕捉されないことをまず考えてコーディネートしてみないといけないのだろうかと考えたりして、気分が落ちる。服くらい好きに選びたいはずだ。

強制性交をはじめ暴力を振るわれるのは、露出とは関係なく、地味でおとなしい格好だという。男は露出が多かろうが地味だろうが、制服だろうが喪服だろうが、自身の妄想を刺激してくれるものであればなんでも構わない。女性が何を着ようが妄想を読み込むのだ。

しかし、それは本能に基づく性欲ではなく、男社会が加工した妄想を自覚を伴わないままに実行しようとする、単に抑制のない自堕落さではないか。男にとっての第二次性徴には、身体の変化に伴って現れる感覚とそこから生じた妄想を相手に託しても構わないという、非常に権力的な振る舞いを自らに許す緊張感のなさがつきまとっている。

男性が何の危険も感じず、憂慮もなく普通に生活している一方で、女性は能力を抑制することを学んでいる。それが性差別が蔓延している状態だということを男性は認識しない。そんな中でも無邪気に妄想を拡張することを夢見ている。当然ながら同じ社会にいるにもかかわらず、見ている風景はまるで異なる。

## セックスとは何か

「わたしたちはセックスのことをいつも話題にしているわりに、女性のセクシュアリティに関して古い情報しか知らない」

（ナオミ・ウルフ『ヴァギナ』桃井緑美子訳、青土社、二〇一四）

数年前、立て続けに映画「紙の月」と「パーマネント野ばら」を観た。宮沢りえ主演の「紙の月」は銀行員の横領事件を扱い、菅野美穂主演の「パーマネント野ばら」は漁村の美容院を舞台にと、それぞれテーマは異なる。だが、僕にはどちらの作品も「ヴァギナをめぐる物語」に見えてしまった。ちょうどナオミ・ウルフ『ヴァギナ』を読んでいたことが影響している。

「紙の月」でぎくりとしたのは以下のエピソードだった。専業主婦だった梅澤梨花（宮沢りえ）は契約社員として銀行で働き始めた。夫婦間は表立っては冷めては見えない。ただ、長年の結婚生活に〝ありがち〟な倦怠のもたらす深刻なすれ違いが描写される。

梨花は初めての給与で夫と自分にペアの日本製の腕時計を買う。彼女にとっては安い買い物ではなかった。夫は「ありがとう」よりも先に「自分のために買いなよ」と梨花を諭し、

「カジュアルな時計だから、ゴルフをするときにでもつける」と朗らかに言う。

また後日、夫は海外出張でカルティエの腕時計を土産に買い、梨花に「そろそろ君もこういうグレードの時計をつけた方がいいんじゃないか」と微笑みながら渡す。

夫は「気心の知れた間柄」を親密さと思っており、「妻はいて当然」な存在だ。梨花はそこに言葉にしようのない虚しさと埋められない寂しさをはっきりと覚えている。だから、せめてと同じ時を刻む腕時計を選んだのだった。

だが夫にはただの腕時計でしかなかった。その上「グレード」という「ありうべき妻」を悪気なく押し付ける。映画の中で、夫婦は慈しみの言葉をかけあうこともなければ、手を握ることもない。おそらくはセックスレスであるという描写がなされる。

ひょんなことから梨花は若い恋人を得て、横領した金で豪遊し、快楽を貪る。やはり年若い男も悪意なく彼女の振り絞った優しさをあてにしても、彼女を見はしない。セックスはしても、彼女の体にこもった寂しさという決して絶叫にはならない声が聞こえない。耳に届かない。

「パーマネント野ばら」は特定のエピソードを持ち出すまでもなく、全体が傷ついた女たちの物語だ。舞台は高知。離婚したなおこ（菅野美穂）は娘を連れて、母の経営する美容院に身を寄せている。美容院は町の女たちのたまり場で、セックスにまつわる話をあけっぴろげにしている。なおこの幼馴染のみっちゃん、ともちゃんも美容院にたむろする一人だ。それぞれヒモにたかられ、裏切られ、暴力を振るわれと男には苦労している。

町に住む女たちはたったひとつのことが手に入らない。それはただ愛されること。女たちは愛という言葉を使いはしない。信じていないふりをしている。けれども誰もがそのことに深く傷ついている。寄ると触ると猥談になるのは、女性であるとは性的な存在であるほかなく、そのことに深く傷ついてきたことの裏返しであるとも見える。

僕はこれらの作品に感情移入できたのに、現実ではどうかというと、この映画に登場する男たちと同じことをしていた。そのことに気付かされたのは、先述したようにナオミ・ウルフ『ヴァギナ』を読んでいたからだ。

この本は「ヴァギナとは何か、女性がセックスで何を本当に必要としているか」を明らかにするルポルタージュである。人によってはニューエイジめいて読めるだろうが、僕にとってはのっぴきならないところに押しやる、痛棒を加える書だ。

だから改めて考えた。どうして自分は「紙の月」や「パーマネント野ばら」の男たちのように、目の前にいる女性を見ないままに、のうのうと生きてこられたのか。それでいて慰めやいたわりを一方的に得られると脳天気にも思っていられたのか。

ヴァギナとセックスに関する探求がなぜに「目の前にいる女性を見ないでいられるの

か？」といった問いにつながったかというと、映画同様、この本における調査でも異性愛者の男たちはヴァギナを求めはしても、彼女を求め、欲することが何を意味するのか、求め、欲することで何が交換されるかがわかっていない。そのことが暴露されていたからだ。

この鈍さは男性性に由来するのか。それともあくまで個人の問題なのかはわからない。だが、いまの社会で男性であろうとすれば、身にまとってしまう文化がしからしめたものだと思う。

そのような文化のもたらす男たちのセックスに対し、彼女たちは不満をもっている。なぜなら「わたしたちの文化の紋切り型のセックスは目的を達すればいいだけの、体の一、二ヵ所をそそくさと簡単に刺激するだけのもの」でしかないからだ。女性たちは単なる刺激が欲しいのではない。これはアメリカに限った話ではないだろう。

ヴァギナをセクシーに飾り、多少は自らの意志で開放的に扱えば、セックスを刺激的にするかもしれない。けれども、それは「イデオロギーにヴァギナを押し込めている」。つまりは「ヴァギナの本当の役割と多面性を自発的に無視している」ことでしかない。

ヴァギナの本当の役割とは、深いオーガズムの体験へと誘うことであり、それが彼女たちにとって「性の目覚めの瞬間」となり、「女としての自己意識が高まる」ことでもあるからだ。ナオミ・ウルフによれば、セックスはクリエイティヴィティと自信にかかわる重大な問題で、人生の悦びにつながる。

大袈裟に思うかもしれない。最新の研究によればオーガズムは自律神経系の活性化を促し、それに伴うドーパミンなどの物質の放出は「解放感、恍惚感、充足感」「心に愛が満ちあふれ」るといった、世界を全肯定するようなパワフルさをもたらす。ナオミ・ウルフの取材では、多くの女性がセックスの豊かな体験の後にクリエイティヴィティやインスピレーションを得たと述懐する。

「性のエンパワメントを得た女性が幸福になり、希望と自信に満ちていることが生物としての仕組みにもとづいているのだとわたしたちはいまようやく気づいた」

だから単線的に快楽を求める男性のしかけるセックスが女性に快感を与えても、彼女たちの「不満はだんだんつのっていく」。たとえ、それによってオーガズムが得られたとしてもだ。何が受け取りを拒否しているか。そのセックスは「生きる悦び」「感情を満たす意味深いもの」ではないからだ。

セックスは「人生で接するあらゆるものと強く結びついているという感覚」をもたらす。これはヴァギナと脳のつながりがもたらすケミカルな関係で、それを知ることが「女性の体とセクシュアリティ」の理解につながる。そうナオミ・ウルフは指摘する。そして自律神経の活性化には安心して身を任せられる心身の状況が欠かせない。それがいたわりであり優しい言葉かけであり、「女性が人生で求めていることにどんなときも気を配るべきだということだ」という配慮であり、何よりあなたを見つめることである。

ようは、「いま・ここ」にいるあなたへの全身での関わり、という至極当たり前のことだ。ナオミ・ウルフによると、これがほとんどの男性にはできないという。少なくとも僕はできていなかった。

過去に己がしでかしたことを恥ずかしく思うとしても、関わった人を恥じ入らせるつもりはない。ただ省みれば、長らく僕にとって目の前の人への関心とは、その人を通して得られるもの――快楽やいたわりや自分だけに提供されるであろう理解――への期待が大いにあった。それは、その人と関係のない空想の出来事だった。僕が行ってきたセックスは自身とも相手とも深く関わることのない「性行動」だったのではないかと思う。

性行動は性欲という本能に基づく衝動がもたらす、という説明がよくされる。だが冷静に自身を見ていくと、突発的と思っている衝動は実は充分に学習され、馴染んだ情動の発露であることがわかる。男たちが「本能」と呼んでしなだれかかるものの大抵は、慣習化された情動であって、本能そのものとは関係ない。

関係ないのだが、ひどく単線的に向かう行動の粗暴さが当の男性自身にとっても本能めいて見えてしまう。「攻撃性と性欲をつかさどる脳の領域が近いところにある」という説明は妥当なのかもしれない。しかし、男性は本能の否応なしの力を攻撃性として断片的に学んでいるのではないか、と思う。とくに近年はポルノによって。

ポルノでセックスを学んでいると聞くと、「現実とバーチャルの区別がつかない」といった陳腐な批判に扱われがちであるものの、果たしてそうだろうか。たとえば言語や貨幣はバーチャルだが、僕たちはそれらと現実の区別がついていない。というより互いが照応しあっており、区分などなくなっている。

男性向けポルノで見られる、ペニスをヴァギナに差し入れることを刺激的かつ執拗に描くメディアが意味するのは、それを快感とするリアクションが男性に期待されていることだ。仮構の行為を「あれがセックスなのだ」と思えるのは、男性の想像の具象化だという合意が行われているからだ。そして男性たちはメディアの中の行為をセックスだとみなしてきた。それはバーチャルを現実として学習することにほかならない。

男性はポルノに見たいものを見て取る。見るとは特定の見方を学ぶことである。刺激に富んだものは次々に現れても、新しいものをそこに見ることはない。このサイクルに破綻はない。しかし、そこから排除されているのは、セックスに欠かせないはずの互いの身体の関わりだ。

特にインターネット上に散乱するポルノには、セックスにいたるまでの眼差しや心づかい、誘う言葉もなく、あたかも逆上しているかのように腰を振り、物理的にオーガズムにいたらせることに血道をあげる。そのように「性欲と攻撃性」がわかちがたく感じられてしまうとき、確実に「新しいテクノロジーにいいように食いものにされている」。

快楽を与えること、快感を相手から引きずり出すこと。そこに自身の身体への注目もいたわりもない。自らの身体に目が向かないものが、どうして相手の身体に注目できるだろうか。ただいたわり、やさしい言葉と愛撫を望む。それは女性も男性も同じだろう。しかしどうして男たちにはそれができないのか。僕に関していうならば、素手素面で相手と向き合うことを恐れていたからだ。女性は概念越しの存在で、快楽は追求したり繰り返したりできるような観念でしかなかった。僕は女性の身体を、ヴァギナを知らなかったのだ。

「パーマネント野ばら」でなおこは高校教師と付き合っている。唯一彼女の寂しさを癒してくれそうな男性だ。だが、本当はその男性はとっくに死んでいる。なおこの周囲の女たちは彼女が付き合っているという相手は幻覚だとわかっている。だが誰も幻覚だと否定しない。

なおこが「わたし、狂ってる?」とみっちゃんに聞くと、「そんなんやったら、この町の女は、みんな狂うちゅう」と彼女は返す。女たちは男たちの寸法に合わせた女を演じてきた。そうすれば愛が得られると思っていた。しかし、それは決して手に入らなかった。他人の夢想を生きるといった、十分に狂った生き方をいままでしてきたのだ。もう好き勝手に生きさせてもらう。幻覚だろうがなんだろうが。

現実よりも幻覚を生きているのは男の方なのではないか。「パーマネント野ばら」では、なおこの義父にこう言わせている。

「男の人生は深夜のスナックや。夜中の二時にスナックにハシゴする男の気持ちがわかるか？　俺という男はここで終わりにするわけにはいかんのや」

「男の生きざま」とは、こうした箸にも棒にもかからない通俗さの変調に過ぎないのではないか。

ナオミ・ウルフはこう述べる。「愛、セックス、親密さを女性は真剣に考える」なぜなら「わたしたちに超越的な経験をさせる自然の力が女性を事実に向きあわせるからだ」。

愛は観念でもイデオロギーでもないのかもしれない。狂った世界から現実に降り立つには、自分は何を見ているのかを見る必要がある。

## 自立の拒否

デパートの食品売り場の一角に人気のパン屋が出店しており、レジの前には多くの人の行列ができていた。トレーにたくさんのパンを載せた七十代くらいの女性がいて、精算まであとふたりくらいを待つばかりだった。男性が横あいから列に割って入り、彼女のそばまでやって来ると「いつまでかかるんだ」と怒鳴りつけた。女性は色をなして怒る夫に抗弁するでもなく、かといってなだめるでもなく、気まずそうな表情を浮かべた。諦めの色が彼女を覆っていた。おそらく耐え難くも見慣れた夫の態度なのだろう。

夫は発した怒声でレジ打ちが早まることを期待しているわけでもなさそうに見えた。彼の目は不思議なまでに妻しか捉えていなかった。行列で混み合っている状況に対する関心がまるでなかったのは、列を分断して立つ彼の肩が隣り合わせた人に触れており、その不用意で無遠慮な接触に対して、まるで気を配る様子のないことで知れた。ただ妻の行状が不首尾なのだとわめき立てることに熱心だった。

一直線では並びきらず、折れ曲がって二列になっていた行列の大半を占めていた女性たちの目が静かに尖っていた。やがて男はうっすらとした殺意をにじませた圧に押されたのか、その場を立ち去ってしまった。彼女は周囲に「すみません」と何度も頭を下げていた。

ここまでの癇癪（かんしゃく）を示した老齢の男でなくとも、アミューズメントパークやレストランなどで順番待ちをしている際、中高年であっても不機嫌さを隠さない夫の姿を見る。「おい」だとか「ちょっと」といった呼びかける調子のわずかな言葉にもなじる声音を聞く。それぞれ世代は異なりながらも本質は同じではないだろうか。つまり夫は妻を支配できる立場にいるという前提にいる。

件（くだん）の夫婦が結婚生活を送った昭和の時代では「男は結婚しないと責任感は生まれない」とか「女は子供を産んで一人前」といったことを公衆の面前で、それこそ披露宴のスピーチで堂々と口にし、それが門出の花向けになると思っている年配の男性もけっこういた。

彼らはなぜ責任ではなく責任感を取り上げたのだろう。口にした責任感の中には、妻を衆人の前で罵倒することも入っていたのだろうか。それにしても、どうして子供を産めない男性が「一人前」などと女性をジャッジできるのだろうかと不思議に思える。全て古い昭和の時代の因習だと思えればいいのだが、そうでもなさそうだ。

ヘテロセクシャルに限った話ではないかもしれないが、妻や子供を守る、路頭に迷わせないといったように「家族を守る」というテーマを負うのが責任感の全貌であり、男性性の発揮のしどころだと捉えている男性はまだまだいる。そうであれば妻を怒鳴りつけた夫は家族を守っていただろうか。彼の責任感は閉じた家庭内における権力の保持と深く結びついており、生殺与奪の権を握ることが「守る」ことと同義であったのではないか。

彼の怒気の由来は自分が思っている通りに事態が進まないことへの苛立ちにあったのもさることながら、妻の関心が自分から外れ、かまってくれないことにあるように見えた。

彼が守っていた家庭生活とは、傍若無人な態度も許してくれ、その上、自分を世話してくれる妻を養うことを意味したのではないだろうか。なんでも受け入れてくれ、身の回りの面倒をみてくれる。その願望を叶えてくれるのは誰なのかと言えば、とてもつまらない結論ではあるが、母親だということになる。母親であれば、自分の身勝手な欲求も満たしてくれる。

妻が母の代理であれば、彼女にとって家庭の居心地がいいか悪いかなど問うたこともないだろう。それでいて「女房には苦労をかけた」と周囲に漏らしているかもしれない。こうした暴力性は家事をそれなりに分担するような、一昔前とは違う夫婦の関係において霧消しただろうか。

## 家事をどう考えるか

非正規労働者が増加する中、女性が専業主婦となり、家事労働の一切を賄うというモデルはとうに成り立たなくなっている。それにもかかわらず、男性にとって家事とはいまなお協力するものであり、ことさらイクメンが話題になるなど、やはり家庭内の活動については女性の分担が多いことが期待されている。たとえ彼女が夫と同様に働いていたとしてもだ。

身なりを整えるために必要な洗濯、病を引き込まないための衛生、命をつなぐための食事。家事は、日々を生き抜くための生命活動を守る上で不可欠だ。そのような認識があれば、ぼんやりした責任感ではなく、何より「行動」が求められること、家事は暮らしに欠かせないことなのだと理解するはずだ。

だが男性の働き方が家庭における活動に力を割けない仕組みになっているのも確かだ。その制度を変える必要を感じていない人が多いから、家事という家庭内における活動は、家庭外において安定した収入を得る経済活動に比べて価値が低く置かれたままだ。

先人がエコノミーを訳すにあたって、経世済民を約（つづ）めて「経済」という造語をあてたわけだが、エコノミーの語源はギリシア語のオイコスノモスであり、家庭という共同体におけるやりくりを意味した。経済の意味を正しく理解するのならば、やりくりとは収入を得て、それをどう配分するかだけではなく、暮らしむきを考え、共同体に手を入れ、維持していくことを含んでいる。

そうであるならば、家庭における活動を通じて、共同体の運営を放棄した態度をもし男性が取り続けていられ、しかも家庭とは自分が寛げるような快適な空間であるべきだとなんの躊躇いもなく期待するのであれば、そのときに共同体はきしみが生じているはずだ。

社会を形づくる権力を保持してきた男性は、家庭とは構成メンバーによって共同で運営するものだとは真剣に思っておらず、権力を恣意的に振るえるところだと無意識に思っているのではないだろうか。家事に協力的な姿勢であってもそれが権力の行使だと言われて面食らう男性も多いかも知れない。

けれども、協力的であるとは、責任感を伴う経済活動によって得た力を背景にして、女性に家事労働を担わせるいびつさをそのままにしているという実情を忘れるわけにはいかない。しかも男たちは無自覚の振る舞いを権力の発動ではなく愛だとみなしている。だとしたらドメスティックバイオレンスを振るう男との本質的な違いはどこにあるだろうか。愛は権力のゆりかごなのか。

愛について言及すれば、家庭は再生産活動、つまり生命の営みを継続する活動の場でもあり、そのひとつはセックスだ。人間はセックスを生殖活動のためだけに行わない。そのあたりの事情はセックスが性愛と訳されることからもわかるだろう。

愛という概念を完全にはわからないにしても、そこには生殖だけに費やされない、いたわりや慈しみ、喜びを分かち合う運動としての側面があるはずだと、誰しも感覚的に把握しているだろう。

だとすれば、権力を保持した男性は共同体の中で、どのような性愛をパートナーと行っているのだろうか。性的嗜好の話をしたいのではない。性は愛を通じて表現されるとしたら、分かち難い性と愛はどのようなこととして、ふたりの間に現れるのだろう。権力を伴っているのか。それともそれを放棄するような形なのか。

男たちは彼女たちの身体に本当に触れているだろうか。ナオミ・ウルフの言うように、男たちはうわの空で概念上の性愛を繰り返しているだけかもしれない。つまりメディアを通じて学習した欲望の発揮の仕方をなぞって、律動に勤しんでいるだけかもしれない。仮にそうだとしても、欲望は倒錯的であればあるほど興奮するのであれば、全ては自由なのかもしれない。けれども、そうしたフェティッシュな欲望は性愛に行き着くだろうか。

ヴァギナを執拗に攻撃するような行為は性愛の名に値しないだろう。ヴァギナと等しく欲望を喚起する女性の乳房に対して、男たちが異様な関心を注ぐのはなぜだろう。類人猿のセックスアピールは尻にあるが、人類の場合、直立二足歩行をするにしたがって胸に移ったという説がある。本当のところはわからない。

だがグラビアやポルノを待つまでもなく、乳房はエロスの象徴として視覚的にも多大な効果を男たちにもたらしている。乳房を必要とするのは、乳児だけであるはずだが、これほどまでに乳房に焦がれているとしたら、現代の男たちは乳離れを拒否しているようにも見える。そうなると幼い時分から母親との距離感がまるで変わっていないことになる。

成熟と自立の拒否が愛の形をとって家庭で再生産活動を行う原動力となっている。しかも、それを保持する力に対して無自覚なのだとしたら、あまりにグロテスクではないか。

# 5章

# 男性性と女性性

## 「感じる」を軽んじる

男性性は男性だけが備えているものではないし、女性の中にも男性性はある。女性性もまた同様に男性のうちに存在する。ただ、ここでいう男性性が「逞しさ」だとか「論理的」を意味し、女性性は「細やかさ」「感情的」といった、社会が用意したステロタイプである必要はもう本当にない。

これまで僕はこの時代を生きる男性が無自覚にも身につけた「男性性」のもたらす様々な問題について述べてきた。それは男性にとっても生きづらい世の中を作ってしまっている。けれども当の男性にしても、現行の社会のルールとそれに沿った生き延び方しか知らない。そのため男社会に完全に適応しきれないことで生まれる不満や苦しみを十分感じることもできないし、表現する言葉も持っていない。だから男たちは必死に男たちの群れと折り合いをつけることに力を注ぐ。またしてもここで力が登場する。耐え忍ぶことに何か意味があるはずだと思い込んでも、喉元で吐瀉物を飲み下すような不快感が襲う。

なんのためにこんなことをしなくてはいけないのか。いちいち忖度して生きないといけないのか。一瞬、そうした疑問が頭を過ぎる。でもそれは嘘だ。本当はずっとずっと頭の片隅にあったことだった。そのことについて考え始めると叫び出しそうになる。いつも本当は思っていた。いい加減にしろと。なんで俺がこんな目に遭わないといけないのだと。おまえの前で俺がにこにことしているのは、罵倒し、殴りたい気持ちをごまかすためだ。堰を切ったように溢れだしかねない感情をそれでも必死に留めているのは、爆発したら最後、狂っている、まともではないと思われるからだ。

幼い頃から「みんな仲良く」と言われ、「どうしてみんなのようにできないのか？」と恥じ入るように言われて育ってきた。それでいて個性が大事だと言われる。かといって自分の意見を述べれば、「君からすればそうかもしれないが――」と言われる始末だ。その後に続くのは「世間がそれを許さない」だろう。だったら、最初から聞かなければいい。けれども、いまさらみんなの輪から抜け出て独自の道を行くのは怖い。やったことがないことをするのは恐ろしい。

男たちはこんなふうにして怒りと恐怖を全身に染み渡らせていっている。不条理な生き方を強いられているのだから、自分たちは「被害者だ」という感覚をもっている。そこにありありとリアリティを感じている。そのため男社会との接点で不当な目に遭っている存在がいることに目が向かない。たとえ男社会の構造が女性や障害者、外国人、様々なマイノリティに対して差別を生み出す働きをしている様子を目に留めても、冷ややかに見ていられる。それを冷静さだと思えてしまうのは、自分の直面している現実の方が切実だと感じているからだ。

　ここに男たちの感覚の問題が現れている。僕らが男性性として受け入れた価値観が推奨するのは、「感じること」ではなく、「理解すること」だった。感じなさと引き換えに男たちは信念や思想のもたらす強さを手に入れた。

　信念も思想も言葉の組み合わせだ。言葉と自分とを結びつけ、そのつながりが緊密になるほどに力強さを覚える。だが言葉は常に世界の断片しか言い表せない。膨大な量の言葉をどれだけ集めても世界全体にはならない。理解することが大事だとあまりにも言われたせいで、理解はすでに知られた事実しか対象にできないことをつい忘れてしまう。

「感じること」を取り上げると、「人それぞれ感じることは違う」という人が現れる。なるほど、その指摘は事実かもしれない。しかし、この主張を聞くたびに思う。「人それぞれ」と口にして「なんだっていい」と諾(うべな)っておきながら、実際には「どうでもいい」という投げ槍な態度に無自覚にも近づくことで、「それぞれ」に感じていることを最も軽んじているのではないか。それぞれに感じていることを吟味しない態度は多様性を保証するだろうか。感じるとは受け身であることを意味しない。能動的であり、積極的であり、なんでもありを看過するような、傍観者の立場には決していられないものだ。

　男たちは多様にそれぞれのあり様を生きている人を「感じる」ことはおろか、「感じる」

こと自体が含んでいる感覚の幅広さを経験してこなかった。だから男性性の発露が非難されると、男は自分が糾弾されているように感じてしまう。感じることをずっと忌避してきたので感じ方が拙いままなのだ。まず感覚をきちんと蘇らせるリハビリが必要だし、僕らが気づくべきなのは、感じていることそのものが自分だと思わせるシステムがいつの間にか内蔵されてしまったことについてだ。

システムは男性がこれまで通りの男性性を身につけられるように誘導し、いつの間にか男社会のあり方にふさわしい感受性をこしらえる。そうなると従来のしきたりに反発するような人に対して、「そんなことは常識だろう」とたしなめるセリフを自然と口にするようになる。社会のあり方はおかしいのではないかと思わせる出来事が起きても、「いちいち目くじらを立てて揚げ足をとる方がおかしい」「批判するなら代案を出すのが大人の務めだ」と、誰かが言っていた言葉を唱えるのも躊躇わなくなる。みんなが感じるように感じ、みんなが言うようなことを言う。そこに安心を見出す。と同時にそう感じ、それを口にするのは自分でなければならない必然性などないのではないかと、ふと思うことがある。

もしも、そんな小さくはあっても見過ごせない疑念を己の中に見つけたとすれば、普段の自分はあくまでシステムに則って感じているだけで、自身として感じているわけではないことを告げているのではないだろうか。

## 被害者意識と「ジャッジ」

加えて、感じたことをもとに独自の判断を恐れ、長らく先達の男たちの言うことの理解にかまけていた態度も見直す必要があるはずだ。判断とは自分で考えを取りまとめることだが、教わった善悪や正誤によって機械的に分類することが「判断」なのだと迂闊にも思ってしまっている。

女性が男社会についてこう指摘し、抗議する。「いまの世の中は男性が優位になる制度である以上、女性は不当な扱いを受けざるをえない。起きているのは『差別的』な現象ではない。差別は現に存在するのだ」。これに対して自分が非難されたと感じ、被害者意識を募らせる男性がいて、「男だって苦しんでいる」「競争社会の中で能力を伸ばす努力を怠っているだけだ」「だったら女性専用車両は男性差別ではないか」と言うとする。実際、このような意見は溢れている。女性たちの意見が的を射ていないと判じたとすれば、彼らがそこで行っているのは本当に「判断」に値することだろうか。

僕はこれを「個人的に解釈したジャッジ」と呼び、判断とは区別したい。ジャッジは良し悪しで審判する。この場合、「個人的に解釈したジャッジ」とは、自分の感じている不遇さから相手を捉えていることであって、決して、彼女らの言っていることや思い、体験を彼女らのこととして受け取っているわけではない。自分の見解を相手に当てはめ、矛盾を見出そうとしているだけで、そのときに彼は自身が他人からジャッジされている通りのことを仕返ししているだけだ。

女性たちは現状は不公正であると訴えている。そのような現実があるのであれば、「判断」が成り立つ場所は、彼女たちが切実に望んでいる公正さにあって、男たちの被害者意識にはない。公正さは彼女たちの体験から発し、そしてそこに止まることのない正義の希求という自身の体験を潜り抜けた先の世界を目指す。

判断するとは、自分が生きてきた年数の間に身につけた感じ方や考え、体験を炙り出しながら、その妥当性を常に問いつつ理非を明らかにしていくことだ。これが判断に公正さをかろうじてもたらす道ではないか。

被害者意識は、公正や正義よりもただ傷ついた自分を慰撫されたいという極めて個人的な事情に終始する。それが悪いわけではない。そういうまどろみに止まりたい時期もあるだろう。

ただ、客観性を重んじるとされる男性性の文化に浸かりながら、いざというときに主観というには足腰の踏ん張りも利かない、個人的な事情に逃げ込むのはなぜなのか。考えること理解すること判断すること。そのいずれも根底には感じること体験すること、そのことで培われた主観を突っ切った先にある客観を求めるという切実さがある。男たちは、そういう意味でのタフな体験がなさすぎるのではないか。マジョリティであるという自覚もなく、ルールのもとで戦うことはあっても、ルールに頼れない闘争経験が圧倒的に少ない。

男たちは怒りを感じ、傷ついた体験を十分に感じることなく無視してきた。置き去りにしてきた痛みがあることにどこかで気づきながら、それを感じるのは弱さだと思い、強くなろうと耐え忍んできた。それ自体が痛みを感じる自分に対する虐待であるとも知らずに。

## 「男性性とは何か」という問いを生きる

理解することがもしも得意なのであれば、いまの男性優位の社会の仕組みが差別を生み出す働きをしていたとしても、「男性であることに本質的な問題があるのではない」ことについて認められるはずだ。これまでの社会によって培われた「男性性」が僕らに権力を与え、女性を支配することを当然とするような考えを育んでしまった。そのことが核心なのだ。

そう断言したいところだが、疑いが生まれもする。なぜなら「これまでの社会」の及ぶ範囲がひょっとしたら有史以来とすら感じられるような長い歳月で、その時間の積み重ねの中で男性性が練り上げられてきたのだとしたら？　かつて母系制社会があり、男女間はいまよりはずっと対等な関係であったといくら言われても、男性優位の発想と制度はあたかも生来のものであるかのように感じられ、単にある限定された時間と文化の中で作られたものだといって斥けられない確かさを男たちに与えるだろうし、現に与えている。

「男性性は男性だけが備えているものではない」といったところで、男性性という文化と男性という性が癒着してしまって、分けられると感じられない人も多いはずだ。だからこそ、「感じていること」と「感じている自分」を分別しておかなければいけない。それが男であることと女であることによって抱える葛藤を解消する上での手がかりであり、アンカーになるはずだ。

　そこで改めて男性性、女性性とは何なのだろうと問うてみる。「人それぞれ」という言い方は、もうここでは採用しない。現実から逃げず、いまここから考察を始めるためだ。

「何なのだろう?」という問いに対して「男性性あるいは女性性とは――である」といった、「AはBである」といった言い切りで答えることは誠実な態度だろうか。こうした手順を誰に教えられたわけでもないのに正しいと思いがちではないだろうか。「AはBである」という結語までの持っていき方を保証してくれる様々な考えが、ステロタイプも含めて限定的なものでしかないのだとしたら、言い切ることが正しいとは言えない。「男性性とは、女性性とは何か?」といったときの「何か?」という問いを持ち続けることの方がよほど大切なのではないだろうか。

この問いは自他との対話を必然的に要請する。「男性性とは――だ」と断定した場合、そのように言い切りが強ければ強いほど、「そのように断じる自分は何者であり、どういう経路を辿ってその考えに至ったのか?」という問いがすぐさま立ち上がるからだ。男性性も女性性も「――である」と言語で語ろうとすればするほど、そのように定義する自分の観点とは何か?と系譜が問われることになる。つまり男性性も女性性もこれまでという過去を振り返り、それがいまにおいてどういう意味を持つのか?という問いの中にしか存在しない。

男性も女性もそれぞれの性のあり方が確定していない。互いに「男性性とは、女性性とは――である」と結論を生きてもいない。そうであれば互いが心地よく生きていける考えを育み、それが綻びれば繕ってみる。ともかく不具合があれば、その都度対応する方が、弾力的な発想もできるはずだ。

## 傷とおっぱいの関係

タレントの醜聞は定期的に報道される。最近では、相手の女性をもののように扱った男性タレントが非難されていた。それは紛れもない事実だろうが、彼が彼女をそのように手酷く扱ったのは、まず彼が自身をそのようなものとして取り扱っていたからではないかと感じた。するとスティーブ・マックィーン監督の「SHAME―シェイム―」をひりつく感覚とともに思い出した。セックス依存症の男とリストカットを繰り返す妹の隠された過去の恥辱を描いた本作は、ふたりのあいだに何が起き、互いがなぜそうなったのかほとんど具体的に描かない。何が恥なのかがわからないまま、ただ不穏な描写が続く。

公開されて数年後の二〇一四年、この作品を観た。号泣してしまったのは主人公の彼がそうなった理由がはっきりとわかったからだ。親密さの拒絶だ。

七年ほど前、知り合ったアメリカ人のカウンセラーと話をした際、僕と女性との関係の結び方をこう評された。

「それは言うなれば、傷とおっぱいの関係だね」

訝(いぶか)しい顔をする僕に彼は続けた。

「君は自身の傷を無自覚のうちに、まるでマスターキーのように使って、相手が胸底に隠している、鍵のかかった箱を巧みに開けている。すると相手は胸をはだけるだろう。理解されたと、受け入れられたと感じることへの返礼だよ」

彼の前に置かれたソファに座った僕は汗が止まらなくなって、膝に置いた手が震えたのを覚えている。

「なぜ、それがわかるかと言えば、目の前に座る君がかつての僕だからだよ。君はそれを続けるかい？　続けても構わない。何も得られないわけじゃないからね。虚しさが得られるのだから、それはそれで構わない」

　学生の頃から僕の周囲には、とても損なわれる経験をした女性たちがいた。なぜそうだと知っているかといえば、彼女たちが自身の体験したことについて告白したからだった。恋人や夫、親、友人にも口を噤（つぐ）んできたことを僕はたくさん聞いた。彼女たちは自ら切り出した。でも、それは違うかもしれない。これまでの人生で黙っていたことを彼女たちが口にしたのは確かだし、根掘り葉掘り聞き出したわけでは決してない。

　だが、巧みな鍵の開け方をおそらく僕はしたのだろうと思う。テクニックではない。親密さをめぐってのサバイバル能力がそれをもたらした。その原点は母親との関係によって培われた。先述したように母は僕が生まれた直後に難病にかかった。長くは生きられないと医師に告げられた。物心ついたときから僕は子供らしい無邪気さを抑制するような振る舞いをしていた。体力もない母の手を煩わせることは直ちに死を意味したからだ。その強迫的な思いは、一度もおねしょをしたことがないまでに至らせた。手のかからない子供として、僕は自身を育ててあげた。

決して本当のことを言い、心を開き、親密になってはいけなかった。自分のエネルギーを全開にすることは、母の生命を殺ぐことになるからだ。いつかの時点でそう心に誓い、それを忘れた。信頼する、愛する人に本当のことを言わない。あらかじめ裏切ることを自らに強いた結果、それはある種の自傷行為になったと思う。しかし、止めるわけにはいかなかった。もし本当のことを言ってしまえば愛する人は死ぬのだから決して親密になるわけにはいかない。最初に出会った異性である母との関係性は、その後に出会う異性との間柄の雛形となった。

　幼少期に掟として刻みつけた親密さへの怖れは常に人に対するよそよそしさとして、てきめんの効果を表した。けれども同時に心を開き、互いの手を取り合い、抱擁するまで近づきたい強烈な飢餓感があった。これまでの恋人たちは束の間、温かい気持ちになり、互いが臆することなく目を合わせて言葉を交わす状態になったとしても、僕が次第に引きつった顔を見せ、親密圏の外に逃れようとする態度を不審な思いで見たことだろう。昨日とはまるで異なる人格を前にして、彼女たちは混乱した。当人もなぜ自分がそのようなことをしてしまうのかわからなかった。そうせずにはいられないからそうしている。親密さをかなぐり捨てると安堵できたが、強烈な不穏さが襲ってきた。とても混乱した。見捨てられたくはないのに、相手を拒絶する。手を取り合える距離にいながら、相手の手を振り解くような真似をする。

そんなことをすれば見捨てられるにもかかわらず。その距離に止まると、いつも過呼吸になりそうになった。しかし、それは僕にとっては慣れ親しんだ懐かしい感覚でもある。四歳以降ずっと味わってきたからだ。

恐怖に安堵するのは、親密になってはいけない場所にいることに慣れているからだ。そして、そこにいると恐慌をきたすのは、その場所に止まる限り、決して本当のことを言わない自分で居続けるしかないからだ。この激しい葛藤の由来が長らくわからなかった。だが、「傷とおっぱい」の指摘を受けて次第にわかってきたのは、僕は女性に対して怒りを募らせていたことだった。自分の中での女性の原型は最初に出会った異性である母だといったが、それが僕の中の女性性の典型であった。そして怒りとは何かと言えば、「なぜあなたは死んだのか」だった。「言いつけを守り、いい子でいたにもかかわらず、なぜあなたは僕を見捨てたのか」という怒りと傷が僕の中にマスターキーをこしらえた。その鍵は親密さを破壊し、台なしにし、「ほら、やっぱり見捨てられるじゃないか」を証明するために作られ、以来、彼女たちが隠してきたものを解錠し続けてきた。

よくよく考えると、母は息子に「いい子でいなくてはならない」と厳命したことなどなかった。ただ、こちらが勝手にそういう物語を編み出し、その筋書きを演じてきた。「難病ゆえにいつ死ぬかもわからない」という事実に僕は独特の解釈を施し、そのことによって関係性を築いてきた。それが僕なりのサバイバルだったわけだ。

僕の中にある、想定された女性性とは「いずれ自分を裏切る存在」であると同時に「包容してくれる」という、とても矛盾した存在であり、また「悲しんでいる」「傷ついている」という弱さの体現でもあった。その弱さは僕が母に見てとった姿を信念にまで練り上げた結果の投影であって、現実の女性とは関わりのないものだった。不治の病に侵された悲運とままならない病を抱えて傷ついていると勝手に思っていたが、彼女は最期まで戦い続けたタフな人だったという側面を僕はあえて見なかった。なぜなら、自分が母と交わした取引にはそぐわないからだ。強くあっては困るのだ。

自分の内に築いた女性性が照らし出すのは男性性だ。どのようなものとして男性性を捉えて、作り上げていたかと言えば、やはり強さへの固執だったと思う。迫り来る肉親の死を前にして感じる悲しみや苦しみの拒絶の砦を築くことに懸命だった。

僕は真正面から母を見ていなかった。いつも「大丈夫だろうか」と窺う調子で見ていた。悲痛さを感じることを弱さと捉え、僕もまたそれを感じないことで強くなろうとした。それは本質的には愛を欠いていたのではないかと思う。自分が何も感じたくないから概念上の母を、女性性を入念に作り上げてきた。

弱いということと強いということが何かわかっていなかった。弱さは決して強化できないの

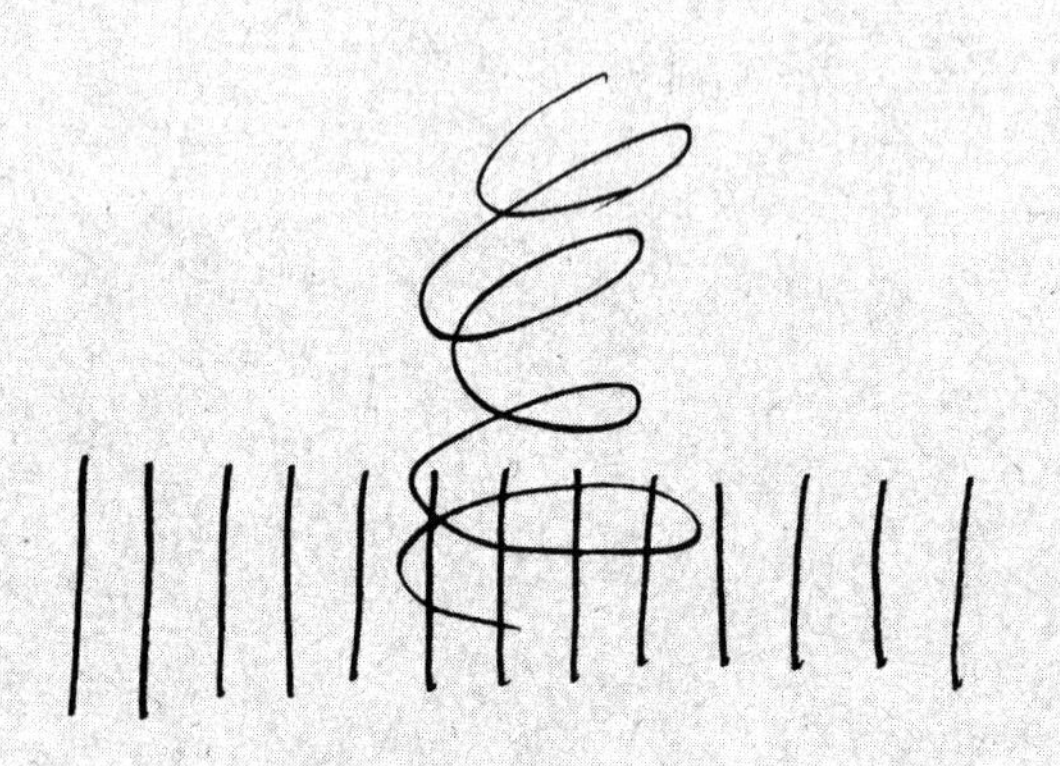

だ。それが心であれ身体であれ、誰しも「ここが弱い」と感じるところがあるだろう。それはある種の「隙間」として感じられるはずだ。

人が「心に穴が開く」とか「寂しさが忍び寄る」といった表現をするのはなぜかと言えば、自分の中に虚(うつろ)な空間があり、そこに染み渡る感覚や感情があるからだろう。そこが当人には弱さとして感じられる。

大事なことは、弱さを見つめ隙間を埋めていくことだけだ。弱さをなくすことはできない。ただポッカリ開いた穴を見ていくと、虚さが次第に埋まっていく。弱さ、寂しさ、悲しさから目を逸らさずに、それそのものとして感じていくと、それらに感じた虚さの感覚が薄れていく。そうなると弱さに引きずられないあり方を自身がし始め、結果的に強くなる。これは抽象的に聞こえるだろうが、たとえば「ハッとして我に返る」だとか。視点を変えると見える風景が違ってくるという体験を誰しもしているはずだ。こういった転換の際、内的な感覚が生じる過程で起きているのは、弱さの隙間が埋まっていくことではないかと思う。

しかし、虚な空間そのものがなくなるわけではない。弱さが去ることはない。僕はその空間を怒りや悲しみで埋める必要性を少しずつ感じなくなった。そのことでもたらされたのは、かつて抱いていた「いずれ自分を裏切る存在」「悲しんでいる」「傷ついている」を象徴とする女性性が次第に姿を消し始めたことだ。そして僕の中の男性性が訴えていた「感じないこと」が強さにつながるというコンセプトも鳴りを潜めるようになった。

## 読書会での出来事

『82年生まれ、キム・ジヨン』を僕の主宰している読書会で取り上げたことが三回ほどある。韓国で百三十万部を超すベストセラーとなり、日本でも二十万部を売り上げた話題作だ。女性の生きづらさを克明に描き出した本作は日常に溢れている、女性にとってはあまりにありふれた差別を描いており、その描写に女性たちの共感の声が広がっている。読書会のどの回も盛況で男性の参加者も数名いた。必然的にフェミニズムの話になると想像してか、男性の参加者の中には恐る恐るといった態度の人もいた。それはある種の謙虚さとして印象づけられるが、傲慢さを隠す装いにもなっていると明らかになった瞬間があった。ある男性がこういった趣旨の発言をした。

「自分がこれまで自然と身につけた考えが女性に対して抑圧的ではないかと思うと怖い。何が問題かをその都度教えて欲しい」

参加している女性の幾人かの表情が曇る。「この期に及んで、その発言か」と言いたげな面持ちを見せた。そのうちの一人が「そうですか。だったら、この小説を百回読めばいいのではないですか」と発言し、またもう一人が「どうしていつまでも教えられる立場にいると思えるのですか」と彼に疑問を呈した。予想と異なる女性たちの態度に驚いたのだろう。彼の表情は引きつった。僕は主宰者ではあるけれど、ここで露わになった感情のささくれを取り繕う必要がないと思い、そのままにした。居心地の悪さを十分に感じた方がいいと思ったからだ。

ただでさえ女性が公の場で何か質問なり意見を公表すれば、男性たちに「何も知らないから教えてやろう」といった侮られる態度を取られることが多い。そのことを肌身で知っている女性たちからすれば、彼のような「こちらは知らないから教えられて当然」といった弛緩した態度を平然と取ることに対しては、「不思議だ」と他人事のような感想を漏らして済ますことなど到底できないはずだ。「馬鹿にするのもいい加減にしろ」「甘えているんじゃない」以外の考えに行きつかないだろう。

彼に限った話ではなく、学ぶということが、他人から懇切丁寧に教えられて然るべきだと無邪気に信じられてしまうのはなぜだろうか。自身の体験の重みを支えるために、どうしても考えざるをえない。そういった切迫さが薄く安閑（あんかん）としていられるからだ。だが彼女たちは理不尽さに膝を屈しないで済んだ、足腰を鍛える体験とそこからの学習があった。だから読書会にも参加したのだろう。

端から見ると、彼はいわゆる「地雷を踏んだ」状態にある。彼女たちの怒りを買った。これを単に「怒られた」と片付けたり、知識が足りなかったという問題にしてしまっては、体験の意味がなくなる。怒らせたから今後はそういうことを言わないというだけであれば、彼の本質は何も変わらないだろう。知識の多寡だけが問題ではないのだ。

まず彼が「不用意な発言」をしたことについて、あなたはどう思うだろうか。「不用意」とは「よく考えもせずに」という意味だが、これに同意できるだろうか。その上で彼女たちの態度に思うことが、「そこまで目くじらを立てなくても」とか「せっかくフェミニズムに関心を持っているのに、そんな態度で接してはもったいない」「だからフェミニストは怖いと思われる」といった、よくある反応でなければいいのだが、と願わずにはいられない。「そこまで怒らなくても」も「もったいない」も「それでは対話の機会を失ってしまうではないか」という憂慮があっての提言なのかもしれない。けれども、そういった「建設的で前向きな論議の仕方」を念頭に置いて意見する前にぜひ想像して欲しい。というより、するべきだ。あなたの申し出は、彼女たちがまさに感じている怒りをまったく無視した上で、こちらの要望を理解せよと一方的に迫っているのだということを。

ここまで述べれば「だからフェミニストは怖いと思われる」は論外と気付くだろう。「だから」はどこに掛かっているのか。正当な怒りを示すことがなぜ「怖い」と非難されなくてはならないのだろうか。言葉が刃であれば、不用意な発言とは隙だらけの、切り捨てられても仕方のない状態を自らに許していることになる。だが、そんな甘い刃筋を自分が許したとしても他人が認めることはない。

読書会に参加した男性の口にした「何が問題なのかを教えて欲しい」を最大限に好意的に解釈すると、この社会が女性にとって生きづらく、その原因が男性性にもあるのであれば、自らを変えたい。そのために「自身の行いを改めていく上での手がかりを教えて欲しい」ということになるだろう。

この「教えて欲しい」という要望が対話のスタートラインだと思っている男性は彼に限らずいる。だが、これこそが先述した謙虚から程遠い傲慢な態度なのだ。いくら好意的に解釈しても、最後に示されるのは傲岸(ごうがん)さなのだ。

「教えて欲しい」の隠された意図は「何が問題かもわからないが問題を解決したいと思っている。だから問題の在り処と解き方を教えて欲しい」にあるとすれば、言外に明らかにしているのは、「自分の暮らしとは直接関係のない女性の問題として正確に認識したい」ということになる。男社会のもたらす弊害があるという見地に立てば、ほかならない男性の問題だという観点が必要なはずだ。もし、それがないのだとしたら、「なぜ自分にはその問いがないのか?」と考えるべきだ。

ここに男たちの対話についての見解の浅さが浮き彫りになる。対話は対立があって成り立つ。誰かが面前に相対してこそ対話が始まるのであって、横並びでは対立関係にならない。男社会において男女は非対称の関係にある。つまり、面前に対等に位置するといった対立すら成り立っていない。そうなると「教えて欲しい」という質問を無邪気にできるのは、やはり非対称の関係を無自覚に利用していることになるだろう。

つまり、その質問をすること自体が甘えであり、驕慢(きょうまん)でいられる関係性を維持しているということだ。「自らを変えたい」のであれば変えてみるほかないにもかかわらず、それをなぜ行わないのか。

彼女たちの抱えた断念や怒りを類推すらできないのは、不甲斐ないことだ。だが情けなさを徹底して究明する以外に差し当たり取る道はないと腹をくくるしかない。

僕たちは強化することで一人前のふりをして格好つけてきた。それは男社会を遊泳するには役立ったかもしれない。だが、その有用性は個人として彼女たちと向き合ったとき、いまや何かと足りていないし、物の役に立たない。社会をより良くするというスケールの話をする以前の問題だ。目の前の人が「何を思っているのか」に思いを致すのではなく、「自分の知りたいことを聞き出す」をまず優先させるような、人と関わる上でのでたらめを自らに許す配慮のなさを知的好奇心だと思えてしまう。それくらいの拙劣(せつれつ)さが等身大なのだとはっきりと認めなくてはいけない。

## 偽装された弱さ

たとえば遠目にはよく見えて、理解力もありそうな男性であっても付き合ったり結婚した後、彼らが内側に抱いた脆弱さを悔恨とともに明らかにするわけでもなく、ただ さらして受け止めることを一方的に求めるのであれば女性たちはその甘えぶりに驚愕(きょうがく)した後、失望し、やがて男とはそういうものだと諦観するだろう。男たちが身の内に抱えていたにもかかわらず、無造作に扱い、それでいて慣れた相手に憚(はばか)らず示す弱さ。これは彼にとっての他者性だ。弱さを克服し、強くなろうとして果たせず置き去りにしてきた過去は、見たくない他者として自身の中に居続ける。他者とは「自分以外の、その人として存在すること」を意味しているが、自身の中の他者とは自分の思わぬところにいる自分であり、それに対する共感を長らく拒んできたのだ。その拒絶を正当化する術を論理と呼んできたのかもしれない。

なおのこと共感について考えるのではなく、実際に感じてみる必要があるはずだ。人が誰かに共感するのは、その人の中に自身を見出すからであり、それは自分の中に他者を見ることでもある。他者性を知ることで、自他の何たるかを知るのだ。そうすると、自分の内側にいる弱い自分に共感することはどういう意味を持つのだろう。それは長らく共感を拒む必然性があった、というストーリーを知ることで明らかになってくるはずだ。

僕自身について言えば、強くなろうとしたのは、何より周囲から認められるためだった。幼い時代に限らず、大人になっても自分の存在を認められるかどうかは生きていくための不可欠な要素になった。行儀よく、おとなしいと周囲に言われたことに違和感を覚えたが、結局は受け入れたのは、控えめな態度をとることによって認められるとちゃんとわかっていたからだ。そういう意味では涙ぐましい努力をしてきた。内向的な気質は確かにあったろう。それは別に弱さではなかった。それが僕の特質だった。そこをきちんと認めておけば、「そういうところがあるよね」と共感して終われるはずだった。

ところが、いつしか自分自身をそのまま表すのではなく、相手にとって望ましい弱い自分を示すようになった。大人になってからは、会社の上司だったり同僚だったり対象は変わってもやっていることは相変わらずだった。

そうした生き延びるための戦略が習慣となるに従い、元々の気質を上書きするような慎ましくあろうとする態度が自分を覆うようになり、次第に自身に対する共感は後退し、疑念が湧くようになる。うまく立ち回るという性格は何も積極的な行動でのみ発揮されるわけではない。遠慮がちな態度によっても可能なのだ。それが表面的にうまくいくほどに、深いところでは「自分は何かを演じていない限り、周囲から認められない」という疑いが増す。「そうなるように」と誰かに命じられたわけではないが、気付いたらそういう振る舞いをするようになっていた。偽りの姿がうまくいくほど、自分は無条件で他人に受け入れられているわけではないと知る。しかし、条件付けをしているのは自分だとわかってもいる。恥じ入る感覚が増していく。この葛藤が激しくなるほど、ただ認められたい。愛されたいという飢えが募る。

面倒なことにただ、そのままで愛されたいのにそのままでいようとしない。いつかの時点で僕は「他人から認められない、愛されないのは自分が至らない、弱いからだ」とそのままが認められない理由を作り出した。そして愛されないと思うことの苦しさのあまり、感じやすさ、繊細さを責めるようにもなった。いちいち傷ついたりしなくなれば、この苦しさから逃れられるのではないかと思ったからだ。自らを「弱いから愛されない」という言葉の羅列で捉えてしまうことを疑いもしなかったのは、「愛されない」と感じた事実に耐えられなかったからだ。弱さと愛とを結びつけたのは、生き延びるための必死の策であったのは間違いない。やがて弱く脆く感じる自分を放逐(ほうちく)した。それは強さへ至る道であり、弱い自分の克服に思えたが、実のところは弱さを無視することでしかなかった。これこそが謙虚で控えめだと評された自分が隠していた姿だった。いくら外面をよくしようとも、ふと気を抜いた瞬間に訪れる、己が浮かべる表情を自身は知っている。外部に見せる顔が偽装であると体感している。その虚しさに「弱い自分を隠している」と思うようになり、明らかにできない自分との間にまたしても葛藤が生じる。偽ることの葛藤とそれを糊塗しようとして生まれる葛藤。それらが重なり、どこから紐解いていいかわからなくなる。

思うに最初の「弱いから愛されない」という解釈が偽りだったのだ。僕が弱いと感じたことと実際の自身のあり方は異なっていた。それを迂闊にも結びつけてしまった。愛を乞うた相手が親で得られなかった人もいるだろう。子供にとっては過酷な体験だ。だが、その体験は僕たちの弱さを直ちに証明しない。弱いから愛されなかったわけではない。ただ、そのように乞うた自分と愛情をあまりかけなかった他人とが交差したという事実があるだけだ。であれば、本当にそこで起きていたことは何だったのか。そう問い始めたとき、僕らが経てきた、全ての時間が反転していく。そのときに初めてこれまでに経験したが、決して経験として認識しなかった事実があったと知る。弱いとはただ弱いというだけで、それも含めて自身であり、その存在が僕自身であり、誰とも交換できない存在であり、望むように愛されなかったとしても自身が愛しい存在であることに変わりない。

僕らが身につけてきた男性性を対象化し、対話すべき相手と見なすと強くあろうとする虚勢は男社会を飾る舞台の書き割りのように感じられ始める。もしかしたら作られた風景だったのかもしれない。そんな顔を見せ始める。

僕らが他者である女性に「教えて欲しい」と懇願するのは、己の抱えた男性性が人生にねじれをもたらしたと感じているからだろう。他人に依存し、解決を試みようとするのは、苦しいからには違いないが、まだ男社会の中で冷静でまともであろうとする足掻(あが)きがそうさせるのではないか。

知るべきは、トラウマや葛藤は解決や克服の対象ではないことだ。生きることの謎は生きることと自体で解かなくてはならない。その足取りはまともである必要もない。ねじれ、病み、跛行(はこう)しながらの道中であって何の問題があるだろう。

## 自身に潜む他者との対話

仕事柄、これまで様々な人の話を聞いてきた。話をする。そして話を聞くとはいったいどういうことなのだろうと改めて思う。口から発した音の連なりが空気を震わせ、耳に伝わり、それが意味を帯びて理解される。とても不可思議としか言いようのないことを僕らは平然と行っている。あまりにも普通のこととして扱いすぎているためか、いつしか真剣に話すことも聞くこともわからなくなっているのではないかと思えて仕方ない。

相手の話を情報と照らし合わせて善悪正誤のジャッジに忙しい。傾聴が大事だと言われ、意味を理解すればいいと思って話を聞きはしても、本当に耳を傾けることになっていない。言っていることを理解はしても、その人の言わんとすることには注意を向けない。互いに大事なことを常に聞き逃している。無意識のうちに僕らは話したところでわかってもらえるわけがないと諦念を抱いているのではないか。その諦めが深いから、コミュニケーション能力の大事さが訴えられているのではないかと思ってしまう。

吃音（きつおん）症の難発のように声が詰まって口が動かなくなったり、特定の状況だと途端に話せなくなる場面緘黙（かんもく）症に近い状態に陥ったことがある。どれも病院で診断されたわけではないが、自分の声で人に何かを伝えることがどうにもできない切迫さを経験した。なぜそのような心身の状態になったのかははっきりとはわからない。家族のあり方が影響を与えていたのは間違いないだろう。そのときの感覚は「つらい」とも言えないものだった。振り返るとつらさは感じるが、そのときはただ混乱していた。いや混乱しているということもわからずに、ひたすら身をすくめ、脂汗を流していただけだった。何をどう訴えていいかわからなかったのだ。「つらい」を生きている最中は、つらいということもわからないのだと後に知った。

その頃の僕がどうしても気になって仕方ない人たちがいた。気を抜くとほつれてしまう暮らしをなんとかかき集めては、必死に繕う人たちが視界の中に入ってきた。ほころびようとする暮らしの苦しさから子供を殴りつけ、暴言を吐く人もいた。皆、女性だった。彼女たちの身に付けるもの、話す言葉、たたずまい。幼心に貧しさの切れ端を見てとり、生活することの、生きていくことの気の滅入るような暗さを思った。

どのような事情があったかはわからない。生活の重さに膝が折れ、地べたを這わざるをえない人たちと目が合うと、僕は到底彼女たちのように「それでも生きる」といった踏ん張りはかなわないと思い、打ちのめされた。不条理という言葉を知りはしなかったものの、そうして感じたことを口にすることに罪悪感を覚えた。場面緘黙症に近い状態に陥ったのは、そのような背景があったのではないかと睨んでいる。

家の近くに時折、母に相談を持ちかける女性がいた。彼女の左目は義眼だった。僕は彼女の落ち窪(くぼ)んだ左目よりも右目と視線を合わせることを避けた。暮らしのままならなさ、手に負えなさをたたえた目よりは、黒々と光る義眼を見る方に安堵を覚えたのだ。

母は大盤振る舞いが好きな人だった。しばしば惣菜屋でコロッケを三十個から四十個くらい買うと、それを僕が直視を避けた近隣の人たちに配った。とても美味いコロッケではあった。だが、どこか苦みを伴う味として記憶に残っている。

あの人たちはその後、どこへ流れていったのだろうとふと思う。ままならないままに、望みがかなわないままに生き、死んでいったのだろうか。そのように思うと、記憶の中の義眼の女性がくるりと振り向く。僕は彼女が怒っていたのだとようやく知る。社会が彼女をどのように扱っていたか。胸底に彼女が秘めていた思いを僕は知らずにいた。そのことに恥ずかしさを覚え、差別という現象に怒りを感じる。だから「差別ではなく区別だ」という言葉を恥じらいなく口にする人に対して事実に立ち向かう勇気もなく、それでいて己に圧倒的に経験がない姿を周囲に示しながら、恬（てん）として恥じないでいられるのはなぜなのだ？　と思ってしまう。明らかなのは勇気と経験がないことだ。己の身幅だけがもたらす全てが経験だと思い、自身の外に広がる空間をいかに否定するかに算段を凝らす。それを現実だと捉えては、自分以外の何者かがこの世に他者として存在することを決して理解できない。

他者の存在を感じる、思う、考える。僕は幼い頃に出会った彼女たちのようには粉砕された人生を歩んではいない。だからといって、生きることの困難さ、その痛みを感じることを知らないわけではない。

痛みから目を逸らさず、痛みを痛みとして生きることが何をもたらすのかはわからない。けれども、それのみを通じて近づける世界があるのだという切実さが僕の中に宿っている。

## 整理されない言葉で

なおのこと思う。生きる上で抱えた困難について切実に語ろうとすれば、本当は生きてきた年数だけの時間をかけ、関わった人たちの分だけの逸話を語るほかない。かき口説き、悲嘆に暮れてしか語りようのないこともある。それこそが人生上の困難さの重さと釣り合う話法なのではないか。僕らがこうした思いの重なりと身悶えで何とか体験を語ろうと試みるとき、整理された言葉しか聞き入れない、権力を持つ側の限定的な空間と時間を押し広げようとしているのではないか。

自分の味わった体験を語ろうとすれば、つぶさに述べる以外に語りようがあるだろうか。誰であれ自身の体験したことをゴールに向かうようには直線的に語れない。であれば屈曲を屈曲のままに語ることがもっとも適切で誠実な話法になるだろう。必然的に時間がかかる。

先にも述べたことだが、あえて繰り返す。彼女たちの話しぶりが男性から「感覚的」「主観的」とジャッジされるのは、現行の男社会の論理に対するアンチテーゼではなく、包括的な論理を試みて立ち上がったマイノリティの話法だからかもしれない。

感覚的だと言われる話し方は「時系列に置き直して順序よく話すには膨大すぎて、端的にストーリーとして語ることができないくらいの感情と感覚がそこにある」ことを示唆しているのだと僕は理解している。そして結論が見えないと言われがちな「まとまらない話」というのは、散漫ではなく「わかりやすい解釈を通じて話すことができない」ことを意味しているのだと思う。だから、何が必要かということ時間だ。耳を傾けるという滞空時間が必要なのだ。男たちはそれが冗長に感じて耐えられない。なぜだろうか。ひょっとしたら自分とは異なる存在のありありとした「他者性」を感じることを回避したいのではないだろうか。

他者性とは「その人としての固有のありよう」のことだ。他者性と向き合うには、時間の遅延が必要になる。なぜなら、これまで自分が経験してきたことのない事柄について知ろうとすれば、簡潔な理解などありえないからだ。

たとえば異文化の人間と出会えば、僕らはどういうふうに接するだろうか。共通の言語がない状態では、ともにマイノリティだ。身振り手振りを交え時間をかけて互いにわかろうと努めるしかない。そこで痛感するのは、普段当たり前だと思っている言葉を用いた理解は、他者を知る上でほんの一部に過ぎないということだ。言語での理解以外で迫らないとコミュニケーションはできない。

明らかになるのは、滑らかな言葉使いで確定したことを知っていく道筋から外れてみると、わからないなりに言葉になりきらない気持ちや感情を伝え合う過程そのものが互いの理解になっていることだ。そのとき言葉は意味からずれて、わかって欲しい気持ちを表す音として奏でられ始める。
普段の感覚で言えば、遅々として進まない時間として切り捨てられるべき行為だろう。だが、進まないことが停滞を意味しないのは、わからなさを間に挟んで感情や感覚の交換が起きているからだ。生きている時間そのものがそこで生じている。相手の表情の変化に注意を向ける。感覚による把握は交歓という時間と空間の膨らみをもたらす。世間では冗長は無駄を意味しているが、男たちが尊ぶ論理の外において、それは豊かさを表しているのではないか。

この歓びに向かう時間の過ごし方を男たちはもっとも恐れているのかもしれない。なぜなら、他者との感情や感覚的なつながりは、過去に残してきた未解決の問題を浮上させることになるからだ。

男たちは強くなければいけないと誓ったとき、繊細に感じることや脆弱である自分を恥じ、それを自分から切り離した。男たちが痛みや恐怖に打ち勝ち、克服し強くなったと実感すればするほど、自分から自分を追いやり分割したのだ。そのことでふたつの傷を負った。ひとつは痛みと恐怖の体験による傷。もうひとつは脆い自分を殴りつけ、自分から追放したという自責の念が生む傷。これらがもたらす痛みは、鬱散されることのない悲しみと怒りの感覚を沈潜させる。なぜなら男たちにはそれを吐露する文化がないからだ。強くなればなるほど、痛みと恐怖、怒りは増大し、しかもそれを感じていたはずの自身は放逐（ほうちく）される。

　だが、自分から自分を切り離すことはできない。何かの拍子に思い出すはずだ。恐怖を感じてビクッとして身をすくめたとき。怒りで拳がワナワナと震えたとき。あのときもこのときもそうだったと、身体は全ての感情と感覚を覚えている。過去を克服したと思っている自分は己の整合性を保つために、その記憶に蓋をし、深く沈めようとする。追いやられた自分は心の底に横たわり、誰からも見向きもされないまま積み重なっていく。

　もしも男性が女性の置かれている立場について考え、この社会の仕組みについて変革を試みたいと思うのであれば、まず対話すべきは外の世界にいる彼女たちではない。自身からスプリットした自分という他者と対話する必要があるはずだ。分割したのがいくつのときかはわからないが、スプリットは子供の頃に始まったはずだ。僕らは男性性の獲得の名のもとに子供の頃の自分に対して犠牲を強いてきた。自分の心の底にうずくまる彼らこそが男性性の問題を身をもって体験している。

　僕らは長年、幼かった頃の自身をネグレクトしてきた。どのように彼らと対話を始めればいいだろうか。うまいコミュニケーションの方法が世間には溢れているが、そんなやり方で彼らは口を開いてくれはしないだろう。想像して欲しい。これまで強くなれとひっぱたき、そうでなければ無視してきた子供にいまさら明るく声をかけたり、傾聴するような態度をとったところで、こちらを信用してくれるだろうか。話しかけても最初は無視されるはずだ。恨みがましい目で睨まれるだけに終わるかもしれない。悲しみと怒りに震えている彼らに理路整然とした話は通じないだろう。でも、だからこそ感覚を総動員して想像して欲しい。自分の中にも感じられる悲しみや怒りを通して、彼らにまず何を言えるだろうか。

僕らの最初の他者であり、彼らという名の僕たち自身は、たった一言の言葉がかけられてこなかった。それは「どうしたの?」であり「大丈夫?」だ。僕らはあまりに必死に強くなろうとして、弱い自分を切り離すことに躍起になった。彼らもまた必死になって、追いやろうとするあなたの手にすがった。でも振り払った。以来、誰からも声をかけられていない。「どうしてそんなに悲しんでいるの」「何があったの?」。たったこれだけの単純な声がけすらされてこなかった。

対話の始まりは、目の前のあなたと目を合わせることから始まる。あなたが切り離したかつてのあなたは、傷つきいじけて目を合わせてはくれないだろう。同じ目の高さまで膝を折り、あなたから声をかける必要がある。そのときの言葉は権力者の話し方ではないはずだ。客観的でも論理的でもなく、ただ相手をいたわり、相手のことを知りたいと願う気持ちからの言葉のはずだ。その言葉を口にするとき、僕らは初めてこれまで忘れていた感覚や感情を伴った話ができるようになるのではないか。

## 名前を取り戻す

過日、右下の奥歯が突然根本から折れた。歯医者によると疲労骨折にも似た折れ方だという。食べ物をすり潰す役割を担い、踏ん張る際にも力の入るという生きる上での要となる歯が折れるとは何かと象徴的だ。

子供の頃、滅多に医者にかからぬ父が珍しく歯科へ行き、戻ってから「奥歯があまりにすり減っていると呆れられた」と漏らした。歯嚙みする思いというけれど、この人はいったいどれだけ悔しい思いを抱えているのだと呆れた。

だが息子の自分はと言えば、摩滅どころか歯が折れる始末だ。「血は争えない」と苦笑いで済ませられない含みを持っていると次第に感じられたのは、身体の限界を超えて力を入れてしまう過剰さが、僕にとっては男性性の現れのひとつだという自覚を迫ってきたからだ。思えば手にしたガラスのコップを握る加減がわからずに割ったり、布巾を絞れば一度で破いてしまったりと昔から力の入り方がおかしかった。

財力、知力、腕力と何にせよ力を獲得しなくてはいけないのが我が家の掟だった。だが、教えられた通りの生き残り方を学ぶことはなく、「力を信奉する男性性を否定すること自体を武器にする」というねじれたものになった。富については、お金そのものに良いも悪いもないが、それを得るという行為に後ろめたさを覚えるよう自らに仕向けた。明らかに経営する会社の拡張を目指す、父への対抗だったろう。この抵抗は新たな価値そのものを作り出さない。お金を得るために生きるなど、世俗的だと拒絶しながら受け入れたことで、結果として「覇気がない」「立身出世を目指さない」という形で男性性の標準から外れた。

知識については、それを得ることで失ってしまう人間の可能性や本来の能力といった言語化しにくいことを言語によって表そうとした。腕力については、武術を学ぶことで筋力という単純な枠組みで測れない精妙な技の会得を目指し、暴力が男性性の発露だと単純に結びつけられないことを自らの存在で証明しようとした。これが僕が家庭で知った社会性、そして父という初めて出会う男性から教えられた男性性に対する受容と拒絶であった。この矛盾するところが生き抜くための武器となった。

しかし、この武器は非常に使い勝手が悪い。なぜなら受け入れつつ拒否するとは、「何かをしないように何かをする」といった制約ありきだからだ。コップを割り、布巾を破くと適正な力の発揮がわからなかったのも、勝手に想定した制限など拘束にしかなっておらず、本能的に束縛を振りほどこうという身悶えが過剰な力の発揮につながったのだろう。ただ自分を表現することにはならない以上、あらゆる出来事が屈折したものとして体験されていった。

自分が自分である。本来ならば素直に表されるはずのことが僕にとって屈曲に他ならなかったのは、自分らしさの確立は「男であるならばそうあるべき」といった男性性への拘束を意味したからだろう。そうなってしまった要因のひとつには自身の名前が「雄大」と付けられたこともあったと思う。

名付けることは忌（い）みであり、言祝（ことほ）ぎでもある。喩（たと）えていうならば呪とは災を招くことであり、「祝う、念じる、どこかへ行く、何かを探す、出来事が起きる」を意味したように。ところで僕には名がふたつある。日本名の中村雄大と韓国名の尹雄大で、前者の雄大は〝タケヒロ〟、後者は〝ウンデ〟と読む。十九歳まではタケヒロで過ごした。どちらの読み方であれ、「雄大」という名に長らく負担を感じた。容姿、性格ともに「名前負けしている」とよく言われた。

本来の呼び名をウンデとしても、父はそもそも雄大を「タケヒロ」と読むべくして名付けた。この名と響きはあまりに屈強な健児を彷彿（ほうふつ）とさせ、虚弱な身の丈にあっていない感じがずっとしていた。

だが近頃、自身の名について思いをめぐらすようになった。というのも「何かをしないように何かをする」とは、萎縮することにしかならないと思うようになったからだ。要求された男性性に対するわだかまりが、そのような消極的な態度を生んだ。それは男性性を拒否することになったかもしれない。だが、男性性ときちんと向き合うことにはなっていないのではないか。もしかしたら虚弱だというのも、生き延びるための偽装ではなかったかとすら思うようになった。

つまり力強くはありたくない自分として周囲に受け入れてもらうための装いだ。父に見て取った男性性の発露は常に獲得、収奪を意味しており、そこに蛮性を感じた。それが男性性であれば否定し抑制しなくてはならなかった。「男だからこうあらねばならない」という価値観を半ば受け入れ、半ば拒絶するという葛藤が抑圧として現れたからこそ、奥歯を噛み砕いてしまうような歯嚙みをもたらしたのではないだろうか。

では、切歯扼腕（せっしやくわん）することのない、ただの男性としての自分はどういうあり方をしていて、どういう男性性を備えているのだろうか。僕は自身の男性性のあり方をどのようなものとして名付けたかったのだろう。力を行使し、自他を抑圧し、差別をする存在としてなのか。それとも自分にとっても女性にとっても心地のいいものとしてだろうか。雄大の名があまりに勇猛や強健を想像させ、自分を抑圧するように感じたが、これは自身についての理解不足だったのかもしれない。

日本語のタケはタケル、タケダケシイの「タケ」であり、ヒロはヤヒロ、ヒロイの「ヒロ」である。どちらも勢いと空間の大きさを示す。名付けるとは、「忌みであり、言祝ぎ」

であり、つまりは呪いならば、それはやがて事が起きるまでの、胚胎期間を無事長らえるようにという祈りが込められていたはずだ。生まれ落ちてからの「これから先」という時間の展開の中で、その人らしく生きられる事態がいつ始まるかはわからない。名付けるという呪いは、本来の力を発揮する備えを隠し、未来へと送り出すための祈願でもあったろう。

この世に生を享け、まだ到来しないこの先に何を送り出したのか。父にすれば、生きることそれ自体がもたらす困難さにくじけ、運命の禍々しさに我が子が付け込まれないためのタケヒロであったかなどと空想する。

一方、ウンデの呼び名にはいまなお親密さを感じない。僕には正しい発音はできない。けれども、その音の響きがもたらすよそよそしさは、他者であるがゆえに「なぜそのようなおまえとして、ここに存在するのか？」と常に対話できる距離感がある。

いったい名前と男性性の話に何のつながりがあるのかと訝しく思う人もいるだろう。男性性とは何か？　という問いを突き詰めれば、各々にとってそれがいったい何を意味しているのか？　になるはずだ。「なぜそのようなおまえとして、ここに存在するのか？」という問いは、男が自ら体験してきた出来事を捉え直す機会になるはずだ。それぞれの男性性の獲得に至った経緯と物語を知る必要がある。

## 男性性を獲得する経緯と物語

経緯とは無自覚に表現している男性性が、実際はある出来事を体験し、男性性を獲得するに至った物語として身につけたものかもしれないこと。物語とは身につけた考えに従って、起きた事柄を解釈し、名付けてきたこと。僕の場合の経緯と物語は「何かをしないように何かをする」という屈折と名前がもたらす呪いへの対抗であった。それが自身の男性性の根を作る上で大きく関わっていた。自分が育ててきた男性性の根がどこにあるのかは、思想書を読むだけではわからない。自身の内へと踏み入り、独自のルートで探求していくことでしかわからない。

それは自分が培ってきた感性の姿を明らかにしていくだろう。

自分にとって自身の感性は自然だ。「そういうふうに感じてしまう」ことに良し悪しはつけられない。そのため、たとえばあなたが男性で女性が自分の期待通りのことをしてくれなかった際、「女の人であれば――するものではないか」と素朴に感じて口にしたとする。それが他人からミソジニー（女性蔑視）だと指摘された。自分の感性は自然だと思えば、抑圧的だと指摘されても、当惑し、何をどう変えていけばいいかわからないかもしれない。

もしも陥っている状況を「自分の考え方の幅が狭い」と捉えた場合、あなたはモノローグを始めてしまうのではないだろうか。「自分の思慮が浅かった」のかもしれないが、「色々言われても納得できない」といったように、自分を責めるか他を非難するかの言葉が自身の中で繰り返されるだけに終わるのではないか。

あなたの中には、いまのあなたを作り上げている男性性とそれが想定する女性性がある。蔑視とは、あなたの男性性があなたの中の女性性を殴りつけている様をいう。抑圧も暴力も愛とは程遠い。あなたは自身の男性性を愛してもいなければ、女性性も愛してはいないだろう。

そもそもなぜあなたは殴って意のままにしようとしているのだろうか。そういう自分をあなたは受け入れられるのだろうか。あなたは自身の男性性を自然に感じているかもしれないが、実際は自身の男性性を許容しつつ拒んでいると言えるのではないか。抑制し、無視し、我慢して受け入れてきただけかもしれない。

暴力的な男性性を呪われた部分とするならば、正しく呪う必要があるはずだ。呪いは「どこかへ行く、何かを探す、出来事が起きる」も意味したはずだ。あなたは自身の中の男性性も女性性も探してもいないし、見つけていない。彼や彼女という内なる他者の話を聞いてもいない。あなたは変化を受け入れ難いと感じる。頑なに守りたいと思っている、その「あなた」という人は本当はいったい誰なのか。

あなたの中にいる男性性が女性性を支配し、抑圧し、差別している。支配する関係を作り上げるとき、あなたは支配される相手なしに存在しえなくなる。自分こそがその関係性に支配され、釘付けになるのだ。

あなたが男性であることで生きづらいとすれば、それはあなたの中の男性性が生きづらい生き方を体現し、抑圧されるべき女性性を日々育て、そうではない現実の女性を見て嫌悪しているからかもしれない。

あなたが激しく自分を嫌悪し、生きづらい生き方を選択することで、本当は何を手に入れているのだろう。「それ以外の生き方を知らないから仕方ない」という声が内心で聞こえてくるかもしれない。けれども、そのとき、あなたは「それ以外」という視界の外に広がる景色の切れ端を見たはずだ。いままでとは違う風が頬を撫でるのを感じたはずだ。「それ以外」という言葉を使うとは、その未知の風景の広がりを告げ知らせていることになる。

古い男性性を捨てようとすることに恐怖を覚えるだろうか。けれども、もうあなたがあなたとして生きる時間が始まっている。抑圧も制約もいらない。誰かから「男とは――」「女とは――」と決められる必要がない。

僕たちは自身と目を合わせて話す必要があるだろう。自身とは内なる男性性であり、女性性だ。これまでの社会が育ててきた概念を通してではない。僕たちが知っているのはあくまで自身の一部分だ。いつか完全に知ることができるかどうかはわからない。わからなければ対話を始めないだろうか。わからないから話をするのではないか。なぜなら僕たちが最も知りたいのは、自身という未知の存在だからだ。男であるか女であるかを問わず、人は不完全だ。だからこそ、ままならないままに生きるほかない。なぜなら生きることは生きること自体で肉薄していかなければならない謎だからだ。

# 終わりに

「聞く耳を持たない」という諺(ことわざ)がある。耳はあっても耳を持っていないとすれば、見た目通りの物理的な身体のあり方を必ずしも人は呈していないことを表している。耳はあっても聞く気がなければ、そのとき耳は存在しないのだ。聞く気があって初めて耳は姿を現す。聞きたくないのは、話がつまらないのかもしれない。でも本当は聞くと不穏な感覚が芽生え、自身が揺るがされるから耳を塞ぎたくなるのではないか。

「見た目通りの物理的な身体」を僕たちは必ずしもしていない。見た目ではわからないが、記憶と経験に基づいた内的な身体のあり方が特定の話を受け入れがたくさせる。それが男性性や女性性と呼ばれる身体観のありようでもあるだろう。

男性が託し込んだ男性性に同意しないこともあれば、女性性を排他的に扱いもする。女性が内に抱える女性性を受け入れないこともあれば、男性性を嫌悪することもある。ここでいう男性性、女性性は社会が育んできた考えであり、それと照らし合わせるようにして、各人が「これこそが男／女である」と感じ、思っているところを指す。それぞれが生きてきた年数かけて育ててきた概念だ。

これまでの時代は「身につけた」男性性が女性性と手を取り合うことを阻み、女性の身体性を持つ他者を蔑視することを促してきた。差別は「自分とおまえは違う」という感覚と感情を個人的な経緯から生じた主観によって正当化する際に生まれる。男性が女性を憎悪するのは、受け入れがたいものをそこに見出すからだ。どこに見つけるかといえば、それは自身の内だろう。内なる他者を憎み、蔑(さげす)んでも構わないと誰があなたに教え、それを信じるようになったのだろう。そこにその人にとっての必然性をもたらす物語がある。

そうならざるをえなかった経緯があるとして、だからといって、そこに安住してもいいという理由にはならない。教えられたままを信じたのだとしたら、いつになったらあなたはあなた自身になるのだろう。誰しも自分らしく生きたいと願っている。他者を受け入れるなと、そう教わったままの姿で最期を迎えたいだろうか。

僕たちはいかに分断するかの知識に長けている。男性が女性を差別する。その理由は突き詰めると女性が女性であるからだ。同義反復以上の意味がないとすれば、性別が本質的に問題なのではなく、あなたの中の個人的な事情が差別を必要としている。その憎しみの物語の結末はあなたに何をもたらすだろう。少なくとも幸福ではないはずだ。

僕は内に抱えた男性性に心中の吐露を禁じられ、女性性に対する怒りを覚えるように自分を育ててきた。そこに至った母親との関係性やそれを投影した女性とのつながり方という物語を理解したとき、怒りが解け、弱く脆い自分を認められるようになった。するとあらゆる場面で「強くなければならない」と自分に命じる必要を感じなくなった。「そうでなければならない」という自縛が解けると、感じること感情を表現することを許せるようになった。

許せなかったのはなぜなのかと過去について思うと、記憶についての誤解があると気づいた。過去は過ぎ去った事実ではなく、常に「いま思い返される過去」であって純然とした過去ではない。いまとかつての交差する地点で記憶は作られる。かつて体験したことに怒りや悲しみを覚えるのは嘘ではないが、世界は常に変化し一回性だ。そうであるにもかかわらず、再現されることがあるとすれば、それは極めてリアリティのある、よくできた偽物であるだろう。

僕はそうして偽りの記憶を少しずつ手放すようになった。握りしめていた過去を手放すことは怖くもある。でも、古びたものを放さないと新しいものを手にすることはできない。

大きな変化は、感情の交わりという親密な体験の受け取りを拒まなくなったことだ。そこに多幸感を覚える。幸福とは何かを達成するのではなく、この瞬間に感じるものであるとわかるようになった。

様々な感覚や感情が混じり合う。川の流れも岸に近いところでは停滞したり、岩を噛んで水が逆巻いたり、川上から川下に向かう流れからしたら対立したり、争っていたりするようにも見える。でも、全体としては流れている。感覚と感情の混じり合いも同じで、部分的にはつっかえたり、痛みを覚えたり、葛藤を感じ、それと争うような気持ちにもなるけれど、そうではありながら全体としては秩序がある。争いや対立がないことが平和なのではなく、争いも対立も併存する。それは排除すべきことではなく、ただ変化が、移ろいがある世界だということではないだろうか。

頑なな考えを崩さない男性に会うと、つい攻撃的な気持ちになる。相手を黙らせる言葉を口にすることもある。けれども、最近はその人の中にそういう考えを持つに至ってしまった体験を垣間見る。それぞれに傷や悲しい出来事があったのだと思える瞬間がある。だからその人を許せるわけでもないが、その人もまた変化の過程にあればいいなと祈るような気持ちにはなる。その祈りは自分に向けてもいる。

古い男性性の時代が終わった後に開ける世界は、どういうものだろう。

長年かけて築いてきた男性性や女性性が全てガラリと瞬間的に入れ替わるわけではな

く、やはり過去の名残があって、変化を拒絶したくなったり、寂しく感じるところもあるのではないかと思う。しかし全てが変化していくというダイナミックな動きが自分そのものだと思うと、自分の偏狭さも弱さもそれはそれとして受け入れられるのではないだろうか。

変わりゆく自分を歓待する態度が当たり前になるといいなと思う。これこそが男性性、女性性と名付けなくとも、あなたが自身の中の見知らぬ他者を迎え、寿ぎ、融合することになる。それをあなたも幸福に感じないだろうか。そのときあなたはやっと古い男性性を完全に手放すことができるかもしれない。

## 尹雄大

ゆん・うんで

1970年神戸市生まれ。

インタビュアー&ライター。

政財界人やアスリート、アーティストなど約1000人に取材し、
その経験と様々な武術を稽古した
体験をもとに身体論を展開している。

主な著書に『異聞風土記 1975-2017』(晶文社)、
『モヤモヤの正体』(ミシマ社)、『脇道にそれる』(春秋社)など。

## さよなら、男社会

2020年12月15日　初版第1刷発行

著　　者　尹雄大

発 行 者　株式会社亜紀書房
郵便番号　101-0051
東京都千代田区神田神保町1-32
電話　(03)5280-0261
振替　00100-9-144037
http://www.akishobo.com

装　　丁　寄藤文平+古屋郁美(文平銀座)
イラスト　尹雄大
D T P　コトモモ社
印刷・製本　株式会社トライ
http://www.try-sky.com

Mio
夫のHがイヤだった。
一三〇〇円+税

ロクサーヌ・ゲイ著　野中モモ訳
バッド・フェミニスト
一九〇〇円+税

チェ・ウニョン著　古川綾子訳
わたしに無害なひと
一六〇〇円+税

小田嶋隆
日本語を、取り戻す。
一六〇〇円+税

ロクサーヌ・ゲイ著　野中モモ訳
飢える私
ままならない心と体
一九〇〇円+税

パク・サンヨン著　オ・ヨンア訳
大都会の愛し方
一六〇〇円+税